●柳川 隆・永合位行・藤岡秀英 [編]

セオリー&プラクティス
経済政策

有斐閣コンパクト
YUHIKAKU COMPACT

●●● はしがき ●●●

　現代の主要先進国の経済は自由な市場経済のもとで運営されるのが主流である。しかし，かつては大恐慌を経験し，近年でもおよそ10年おきに大きな経済変動に見舞われながらも，各国の経済政策により，またときには国家間の政策協力により，これまでの経験を生かしながら経済危機を乗り越えてきている。新たな経済問題が次々と生じるなかで，経済政策に寄せられる期待は大きい。しかし，経済政策は万能ではなく，効果には限界があり，ときには副作用も生じる。しかも，適切な経済政策を選ぶことも難しい。そこで，経済の動きの法則に則って，どのようなときに，どのような政策を講じるべきかについて正しく理解し，望ましい政策を実施することが肝要である。

　本書は，経済政策の理論（セオリー）と実際（プラクティス）について，そのエッセンスをコンパクトに基礎から説明しようとするものである。そのために，まず**第Ⅰ部・経済政策の基礎**では，第1章で1980年以降の日本経済の歩みと政策について概観したうえで，第2章から第5章で経済政策一般についての基礎について説明する。**第1章**では，ちょうど日本で高度経済成長の終焉を迎えた時期以降，現在までに日本経済がどのように変化してきたか，それに対して実際にどのような政策がとられてきたかについて大きな流れを確認する。**第2章**では，経済政策論の基礎と題して，経済政策の目的と手段，経済政策の主体，および経済政

策思想について述べる。**第3章**では，社会政策論の基礎について説明する。社会政策とは「社会問題」への対策であり，社会問題とは何かを論じたうえで，社会保険を中心とする社会保障についてドイツやイギリスでの発展の経緯を述べ，さらに現代の新しい社会問題を提起する。第4章と第5章は，それぞれマクロ経済政策の基礎とミクロ経済政策の基礎についてである。**第4章**では，マクロ経済政策を短期の政策（安定化政策）と長期の政策（成長政策）に分け，財政・金融政策を含むマクロ経済学およびマクロ経済政策の基礎的な理論から，マクロ経済政策の実際までを述べている。**第5章**では，ミクロ経済学およびミクロ経済政策の基礎理論について説明している。経済政策，すなわち政府の市場介入がどのようなときに必要か，またどのような政策手段が有効かについて説明するとともに，不要な介入が経済厚生を悪化させることを説明する。このように経済政策一般の基礎的な考え方について詳しく説明していることが本書の特長の1つである。

第Ⅱ部・経済政策の実際では，第6章から第10章にわたって，産業政策，農業政策，環境政策，労働政策，社会保障政策の順に，経済政策諸分野の基礎的な理論と，日本を中心とするそれぞれの政策の実際について詳述する。**第6章**では，産業政策を，特定の産業を選んで育成する政策（産業育成政策），競争を制限する行為を防止する政策（競争政策），固定費用の大きな独占化しやすい産業の企業行動を規制して資源配分の改善を目指す政策（規制政策）に分けて，それらの理論と実際を説明する。**第7章**では，産業のなかでも特色のある農業を取り上げて，その産業政策（農業政策）について説明する。農業の特殊性や日本の農業政策についての理論と実際について述べている。**第8章**では，環境政策を

取り上げる。環境が破壊される原因を述べ，環境保護のためのいくつかの政策手段について比較しながら解説するとともに，環境政策の実際についても述べている。**第9章**では，労働政策について説明する。労働市場の特徴について述べ，賃金や就業・解雇，および失業に対する政策についての理論と実際について説明する。最後に，**第10章**では，社会保障について，その必要性について述べた後に，社会保障の制度，とくに，年金，医療保険，介護保険，および生活保護についての考え方と政策の実際について説明する。

市場が望ましい成果をもたらさないことを「市場の失敗」と言い，市場の失敗が発生している分野については，とくに経済政策の実施が望まれる。第Ⅰ部の第5章では市場の失敗について一般的な説明を行い，第Ⅱ部の各章では，さまざまな市場の失敗に対応するための諸分野における政策が説明される。このように，一般的な理論に基づいて各論での説明がなされることが，本書のもう1つの特長である。

本書は，神戸大学において経済政策分野の研究教育にあたる7名と，神戸大学で学び諸大学で経済政策分野の研究教育にあたる3名の，計10名による共著である。本書は神戸大学経済学部における経済政策分野の基礎科目である「経済政策基礎論」の教科書として用いることを想定して作成したものであるが，産業政策や労働政策などの経済政策各論の理論と実際のエッセンス，および各論を貫く経済政策全般の基礎となる考え方のエッセンスを学ぶためのコンパクトな書籍となっている。ぜひ多くの方々に手にしていただけることを願っている。

本書を読むにあたり「経済学入門」などの初級の経済学を学んでおくことが望ましいが，解説は平易で直観的なものとなるように心がけ，テクニカルな記述もほとんど盛り込まない形で初学者にとってもわかりやすく工夫されているので，特段の予備知識がなくともおおよそ理解できるであろう。

　経済政策に関する報道は日々なされているが，その背景を理解し，とられた政策の効果や是非について自ら考えることができるようになるためには，経済学および経済政策に関する基礎知識が必須である。本書を通じて，そのためのエッセンスをぜひ学んでほしい。

　最後になるが，本書の作成にあたり，有斐閣の尾崎大輔氏には大変お世話になった。尾崎氏には本書の企画の段階から良書とするためのアイデアをいろいろと出していただき，最後の校正に至るまでとても迅速かつ丁寧にお仕事をしていただいた。尾崎氏の編集者としてのお力添えにより，本書のクオリティは相当高まったことは間違いない。ここに記して謝意を表したい。残された不備は言うまでもなく筆者らに帰するものである。

　2017 年 1 月

執筆者を代表して

柳　川　　隆

●●● 執筆者紹介 (執筆順) ●●●

柳川　　隆 (やながわ・たかし)　　　　　　　【編者, 第1章】
　神戸大学大学院経済学研究科教授

永合 位行 (なごう・たかゆき)　　　　　　　【編者, 第2章】
　神戸大学大学院経済学研究科教授

藤岡 秀英 (ふじおか・よしひで)　　　　　　【編者, 第3章】
　神戸大学大学院経済学研究科教授

小葉 武史 (こば・たけし)　　　　　　　　　【第4章】
　熊本学園大学経済学部教授

熊谷 太郎 (くまがい・たろう)　　　　　　　【第5章】
　松山大学経済学部教授

水野 倫理 (みずの・ともみち)　　　　　　　【第6章】
　神戸大学大学院経済学研究科准教授

衣笠 智子 (きぬがさ・ともこ)　　　　　　　【第7章】
　神戸大学大学院経済学研究科教授

朴　　勝俊 (パク・スンジュン)　　　　　　　【第8章】
　関西学院大学総合政策学部教授

勇上 和史 (ゆうがみ・かずふみ)　　　　　　【第9章】
　神戸大学大学院経済学研究科准教授

菅野 早紀 (すがの・さき)　　　　　　　　　【第10章】
　大東文化大学経済学部准教授

目　次

はしがき　　*i*

執筆者紹介　　*v*

第Ⅰ部　経済政策の基礎

第1章　日本経済の歩みと政策　　2

1　はじめに …………………………………………………………… *2*

2　日本のマクロ経済と経済政策 ………………………………… *3*
2-1　日本のマクロ経済の変動 (*3*)
2-2　マクロ経済の変動に対する政策の経緯 (*6*)

3　日本の経済環境の変化と経済政策 …………………………… *7*
3-1　日本の経済環境の変化 (*7*)
3-2　経済環境の変化に対する政策の経緯 (*11*)

4　日本経済の構造変化と経済政策 ……………………………… *13*
4-1　日本経済の構造変化 (*13*)
4-2　経済の構造変化に対する政策の経緯 (*16*)

5　おわりに：経済政策の課題 …………………………………… *19*

第2章　経済政策論の基礎　　23

1　はじめに：経済政策論の基本課題 …………………………… *23*

2　経済政策の目的と手段 ………………………………………… *26*
2-1　経済政策の基本目的 (*26*)
2-2　政策目的の体系 (*29*)
2-3　経済政策体系の原則 (*31*)

3 経済政策の主体 ……………………………………… 33

3-1 経済政策の主体とは (33)
3-2 公共選択論 (35)

4 経済政策思想 ……………………………………… 37

4-1 新自由主義の経済政策思想 (37)
4-2 アメリカのリベラリズム (41)
4-3 新社会主義の経済政策思想 (42)

5 おわりに ……………………………………… 45

第3章 社会政策論の基礎　　48

1 「社会問題」と社会政策 ……………………………………… 48

1-1 「社会問題」とは何か (48)
1-2 「価値判断」と社会政策論 (50)

2 社会保険の成立と普及 ……………………………………… 54

2-1 ビスマルクの社会保険3部作 (54)
2-2 ドイツにおける社会保険の拡充 (56)
2-3 イギリス国民保険の成立 (58)
2-4 西欧諸国における社会保険の普及 (62)

3 社会政策と社会保障 ……………………………………… 64

3-1 国民的な視点に立つ社会保障の登場 (64)
3-2 ベヴァリジ報告と社会保障 (65)

4 福祉国家体制の構築と「新しい社会問題」 ……………………………………… 67

4-1 福祉国家体制とネオ・コーポラティズム (67)
4-2 社会保障の財・サービスの性質と費用爆発 (68)
4-3 「新しい社会問題」(70)
4-4 福祉社会の展開 (71)

第4章 マクロ経済政策の基礎　　74

1 はじめに：持続的で安定した経済成長を達成するには？ …… 74

2 短期のマクロ経済政策：安定化政策 ……………………………………… 75

3 財政政策 ……… 78

- *3-1* 財政政策はGDPを拡大させ利子率を上昇させる (*79*)
- *3-2* 財政政策は乗数効果を持つ (*79*)
- *3-3* 資金調達の方法と乗数効果 (*82*)
- *3-4* 実際の財政政策 (*85*)

4 金融政策 ……… 89

- *4-1* 金融政策はGDPを拡大させ利子率を低下させる (*89*)
- *4-2* 経済学でいう貨幣とは (*90*)
- *4-3* 信用創造 (*90*)
- *4-4* 金融政策にも乗数効果がある (*92*)
- *4-5* 貨幣供給の手段 (*94*)
- *4-6* 実際の金融政策 (*96*)

5 長期のマクロ経済政策:成長政策 ……… 99

- *5-1* 経済成長に必要なもの (*99*)
- *5-2* 新古典派成長論 (*100*)
- *5-3* 内生的成長論 (*101*)
- *5-4* 実際の成長政策 (*102*)

6 おわりに:マクロ経済政策の限界 ……… 104

- *6-1* インフレと失業のトレードオフ (*104*)
- *6-2* 政策ラグの問題 (*106*)

第5章 ミクロ経済政策の基礎　　108

1 はじめに ……… 108

2 市場の効率性:競争市場における政府介入の非効率性 ……… 110

- *2-1* 需要曲線と消費者余剰 (*110*)
- *2-2* 供給曲線と生産者余剰 (*111*)
- *2-3* 競争市場における望ましい性質 (*113*)
- *2-4* 競争市場における価格規制,課税・補助金政策,関税政策と非効率性 (*115*)

3 不完全競争市場と市場の失敗 ……… 121

- *3-1* 独占市場の弊害 (*121*)
- *3-2* 外部性 (*123*)
- *3-3* 公共財 (*123*)

3-4 情報の非対称性 (*125*)

4 おわりに … *126*

第Ⅱ部 経済政策の実際

第6章 産業政策　　*130*

1 はじめに：これまでの規制は間違っていたのか？ … *130*

2 産業育成政策 … *131*

2-1 鉄鋼産業に対する育成政策 (*132*)
2-2 現代の産業育成政策 (*136*)

3 競争政策 … *137*

3-1 大企業がもたらす死荷重 (*138*)
3-2 競争政策の手段 (*139*)
3-3 競争政策の現状 (*140*)

4 規制政策 … *142*

4-1 自然独占と規制の手段 (*142*)
4-2 日本における規制の現状 (*144*)

5 おわりに：電力自由化再考 … *146*

第7章 農業政策　　*149*

1 はじめに：農業政策はなぜ重要か？ … *149*

2 日本の農業政策 … *150*

3 グローバリゼーションと日本農業 … *154*

4 理論的背景：農業の特殊性 … *159*

5 農業の非経済的意義 … *164*

6 おわりに：日本農業の今後の課題 … *165*

第8章 環境政策　　　　　　　　　　　　　　　　　　　　　　*170*

1 はじめに：経済学は気候変動問題の解決に寄与できるのか？ …… *170*

2 気候変動政策の経済的手段 …………………………………… *171*

3 「公共財」としての環境対策 ………………………………… *173*

　3-1 環境資源と「コモンズの悲劇」(*174*)
　3-2 公共財として環境資源や環境対策を捉える (*176*)
　3-3 エネルギー消費と外部性 (*178*)

4 環境政策手段 …………………………………………………… *182*

　4-1 環境政策手段の機能と特徴 (*184*)
　4-2 環境政策手段の比較 (*191*)

5 おわりに ………………………………………………………… *191*

第9章 労働政策　　　　　　　　　　　　　　　　　　　　　　*194*

1 はじめに：労働市場の変容と新たな政策課題 ………………… *194*

2 労働市場の特徴と労働政策 …………………………………… *196*

　2-1 労働市場の特徴 (*196*)
　2-2 労働政策とは何か (*198*)

3 労働市場のモデルと労働政策の効果 ………………………… *200*

　3-1 労働市場のモデル (*200*)
　3-2 労働サービスの価格に働きかける政策 (*203*)
　3-3 労働サービスの数量に働きかける政策 (*208*)

4 失業に対する労働市場政策 …………………………………… *213*

　4-1 失業の発生要因 (*213*)
　4-2 労働市場政策のタイプ (*215*)

5 おわりに：労働政策の意義と課題 …………………………… *218*

第10章 社会保障政策　　　　　　　　　　　　　　　　　　　*222*

1 はじめに：公的な社会保障はなぜ必要か？ ………………… *222*

1-1 社会保障とは (222)
1-2 なぜ政府が社会保障を提供するのか (224)

2 マクロ経済から見た社会保障 ……………………………………… 226

2-1 財政と社会保障 (226)
2-2 社会保障の財源：保険料と税 (227)
2-3 国民負担率 (228)

3 年金制度 ………………………………………………………………… 229

3-1 日本の公的年金制度 (230)
3-2 年金制度改革 (231)

4 医療保険制度 …………………………………………………………… 232

4-1 日本の医療保険制度 (232)
4-2 基本的な医療保険制度とその役割 (234)

5 介護保険 ………………………………………………………………… 238

5-1 介護の特徴と介護保険の発足 (238)
5-2 介護保険制度の概要 (239)

6 低所得者支援と生活保護 ……………………………………………… 241

6-1 生活保護制度の概要 (241)
6-2 生活保護の問題点と解決策 (243)

7 おわりに：日本の社会保障政策の今後の課題 ………………………… 244

参考文献一覧　249

索　引　252

第 I 部
経済政策の基礎

Contents
- 第 1 章　日本経済の歩みと政策
- 第 2 章　経済政策論の基礎
- 第 3 章　社会政策論の基礎
- 第 4 章　マクロ経済政策の基礎
- 第 5 章　ミクロ経済政策の基礎

第 1 章

日本経済の歩みと政策

1 はじめに

　この章では，日本経済が 1980 年以降にどのような歩みを経てきたか，また国はどのような経済政策をとってきたかを概観する。日本経済の歩みを，日本のマクロ経済の変動，日本の経済環境の変化，日本経済の構造変化の視点から，それぞれ主要なデータを用いて概要を示すとともに，実際に採用されてきた政策について概観する。

　日本のマクロ経済は，1970 年代で高度成長を終え，80 年代に入って成長率が低下したが，今から振り返るとそれでも安定成長とも言える成長経済であった。1980 年代後半のバブル経済を経て，いまや日本経済はマイナス成長やデフレ，マイナス金利をも経験する状況となっている。バブル後から 2000 年代の期間は「失われた 20 年」とも呼ばれている。

　経済環境としては，少子高齢化が急速に進み，潜在的な経済成

長率が低下した。また，2011年の東日本大震災以降に原子力発電所が停止したこともあり，温室効果ガスの削減が思うように進んでいない。

そして，日本経済の構造変化を産業構造や就業構造の点から見ると，製造業の海外進出が進む一方，国内ではサービス産業化が進んだ。所得分配の面では格差問題が表面化し，とくに若者の非正規雇用や低所得が問題となっている。また東京と地方の間のさまざまな面での地域格差も大きくなっている。

この章では，こうした日本経済の動きと実際に採用されてきた政策およびその結果を紹介することにより，本書全体のイントロダクションの役割を果たすことを目指している。

 日本のマクロ経済と経済政策

2-1 日本のマクロ経済の変動

1980年代以降の日本のマクロ経済とマクロ経済政策の歩みを振り返っておこう。

はじめに，**経済成長率**から見てみよう。図1-1は1981〜2014年度の名目経済成長率および実質経済成長率を表している。1980年代の10年間の平均の実質経済成長率は4.7%であり，高度成長期（1955〜73年度）の約10%には及ばないものの，比較的高い経済成長を遂げた。とくに1980年代の後半には，85年9月のプラザ合意による円高不況の一時期を除いて高い成長を遂げ，**バブル経済**と呼ばれた。ところが，1990年代の10年間には年度平均の実質成長率は0.9%に低下し，この低成長の10年間は「失わ

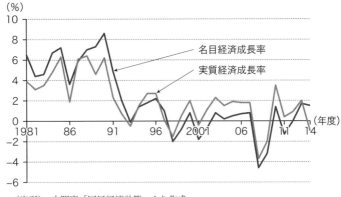

図1-1 経済成長率の推移

(出所) 内閣府「国民経済計算」より作成。

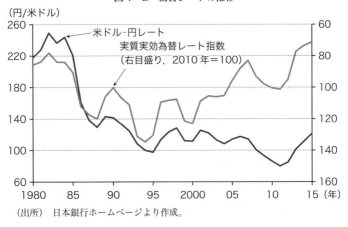

図1-2 為替レートの推移

(出所) 日本銀行ホームページより作成。

れた10年」と呼ばれた。しかし、その後、2000年代の10年間の年度平均の実質成長率は0.7%とさらに低下し、**失われた20年**と呼ばれるようになった。1990年代以降には数度にわたりマイナス成長を経験していたが、とくに2008年9月に生じたリー

マン・ショックは経済成長率を大きく引き下げた。

この間の**為替レート**の推移について見てみよう。図1-2は1980〜2015年の為替レートの推移を，年平均の米ドル‐円レートと実質実効為替レートで示したものである。米ドルの為替レートは値が小さいほど円高であることを示す。ドルはプラザ合意後に急落し，1985年の221円から95年の96円まで，89年に一時少し円安に戻したが，ほぼ一方的に円高に推移した。その後，2007年までは110円以上に戻したが，そこから再び円高に推移し，2011年には79円に達した。しかし，その後，**アベノミクス**の金融緩和の結果，100円を超える水準に戻した。

他方，実効為替レートとは米ドル以外も含むあらゆる通貨と日本円との間の為替レートを，貿易額でウェイト付けして算出した指数であり，実質実効為替レートとはさらに物価水準の変動も考慮した（2010年を100とする）指数である。指数が大きいほど円高であることを示す。これによると，1995年までは円高傾向にあったが，その後はおおむね円安傾向で推移している。米ドル‐円レートと実質実効為替レートのグラフを比較すると，現在の米ドル‐円レートは1980年代と比べて大きな円高に見えるが，実質実効為替レートは1980年代と同等の水準にある。実質実効為替レートからは，米ドルの為替レートから考えられるような円高ではないことがわかる。

名目経済成長率と実質経済成長率を比較すると，1993年度までは名目経済成長率の方が高く，94年度以後は，97年度を除いて実質経済成長率の方が高い。名目経済成長率と実質経済成長率の差はインフレ率（GDPデフレーターの変化率）であるため，94年度以降，97年度を除いて，2013年度までインフレ率がマイナ

ス，すなわち，デフレであったことを意味する。

2-2 マクロ経済の変動に対する政策の経緯

プラザ合意で先進国がドル高是正に動いた背景には，1980年代前半におけるアメリカの高金利と積極的財政政策による「双子の赤字」（財政赤字と経常収支赤字）があった。日本政府は1980年代には新自由主義的政策への志向から「小さな政府」を目指し，財政再建を目標としていたため，円高不況に対して金融政策に依存し，金融緩和を行った。これが1980年代後半のバブル経済をもたらした一因ともなり，89年以降金融引き締めに転じた。1990年代にはバブルが崩壊し，株価と地価が大きく下落したことにより，株式の評価損が生じたり，不動産を担保にした融資が回収不能な不良債権となったりしたことにより，債務超過となる金融機関が出現し，97年に北海道拓殖銀行，山一證券，98年に日本長期信用銀行，日本債券信用銀行といった大手の金融機関が破綻した。政府は，1996年に住宅金融専門会社（住専）の不良債権処理で公的資金の不透明な投入を行ったが，98年になって**金融再生関連法**が成立し，金融機関の破綻の処理の原則や破綻した金融機関の業務承継や特別公的管理，金融機関等の資産の買取りに関する緊急措置の制度が定められた。その結果，破綻が危ぶまれる金融機関にも公的資金が注入されるなど，金融システムの安定性の維持が図られるようになった。

政府は，バブル崩壊後の1991年から再び金融緩和に転じていたが，90年代を通じて金融政策の有効性は限定的で，歳出拡大や減税などといった拡張的な財政政策が数度にわたって試され，90年代半ばにはある程度の景気回復を見たが97〜98年には財政

改革や消費税引き上げ，アジア通貨危機もあり景気は悪化した。

2000年代に入っても金融緩和基調は続き，1999年2月～2000年8月には**ゼロ金利政策**，2001年3月～2006年3月には量的緩和政策がとられたが，アメリカで2007年8月にサブプライムローン問題，2008年9月に**リーマン・ショック**が生じ，世界的にも金融危機と不況に見舞われる中，日本はデフレ経済が続くこととなった。2010年代に入っても，ギリシャ危機が生じたり中国経済の失速懸念が生じたりするなど海外発の経済危機の懸念があり，国内ではデフレ経済が続く中で金融緩和も変わらず続いていたが，2013年4月からは日本銀行はデフレ脱却を目指し，消費者物価上昇率を2年以内に2%にすることを目標（インフレ・ターゲット）とした量的・質的金融緩和政策を実施した。2016年1月には**マイナス金利政策**まで採用したが，同年12月の段階でインフレ目標はいまだ達成されておらず，金融政策の限界と財政政策と規制改革の必要性が意識されている。

日本の経済環境の変化と経済政策

3-1 日本の経済環境の変化

この節では，1980年以降の日本の経済環境の変化とそれに対する政策について見ることにしよう。

まず人口の変化から見ていこう。人口は，労働力という点から経済の供給面で重要であるのに加え，消費者として経済の需要面でも重要である。

図1-3は，日本の総人口と将来人口の推計である。将来人口

図 1-3 日本の総人口と将来人口推計

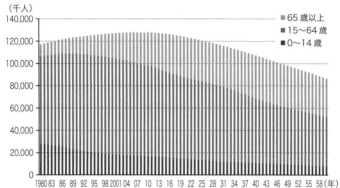

（出所） 総人口は総務省統計局「人口推計」，将来人口推計は社会保障・人口問題研究所の「日本の将来推計人口（平成24年1月推計）」より作成。

は社会保障・人口問題研究所による2012年時点の推計であり，それ以前は日本の総人口を，それ以降は日本の将来人口の推計を表している。日本の人口は1980年の1億1706万人から2010年の1億2806万人へと緩やかに増加してきたが，**少子高齢化**の進展は著しく，1980年から2010年の30年間に，年少（15歳未満）人口の割合が23.5％から13.2％に低下し，生産年齢（15～64歳）人口の割合が67.4％から63.8％へと低下したのに対し，老年（65歳以上）人口の割合は9.1％から23.0％へと増加した。

また将来推計によると，日本の人口は2030年に1億1662万人となり，2048年には1億人を割り，2060年には8674万人へと，50年間に4132万人（32.3％）の減少が見込まれている。それに伴っていっそう高齢化も進展し，この期間に年少人口の割合が9.1％，生産年齢人口の割合が50.9％へと減少するのに対し，老年人口の割合は39.9％へと増加することが見込まれている。

図 1-4 日本の潜在成長率と寄与度

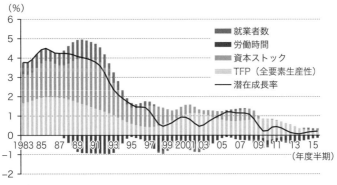

(出所) 日本銀行「需給ギャップと潜在成長率」より作成。

かつてのように生産年齢人口の比率が高まることにより経済成長が後押しされたことは「人口ボーナス」と呼ばれるのに対し，1990 年代以降は生産年齢人口の比率が低下することが経済の重荷になっており**人口オーナス**と呼ばれる。

潜在的に実現可能な経済成長率を**潜在成長率**という。図 1-4 は潜在成長率と労働，資本，技術進歩の経済成長への寄与度を示している。経済成長は労働と資本の投入の増加と技術進歩によってもたらされる。技術進歩は経済成長率のうち労働と資本の投入の増加によって説明できない残差として測られる。日本銀行の推計によると，潜在成長率は，1980 年代には 4% 程度であったが，90 年代に入って低下傾向が続き，2000 年代には約 1% となり，2010 年代には 0% 近くにまで落ち込んでいる。リーマン・ショック以降では，労働時間と就業者数の減少が潜在成長率にマイナスの影響を与えている。

次に環境について見ることにしよう。環境は人々の健康や快適

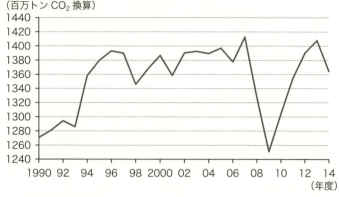

図1-5 温室効果ガス排出量の推移

(出所) 国立環境研究所のデータより作成。

さに直接影響するとともに、環境規制は経済活動に影響を与える。図1-5は二酸化炭素等の**温室効果ガス**の排出量の推移である。1990〜2007年度まで温室効果ガス排出量は増加傾向にあった。2008〜2009年度にはリーマン・ショックによる景気後退でエネルギー消費が減少したため温室効果ガス排出量も減少したが、2011年の東日本大震災により原子力発電所が停止し、火力発電所の使用が増加したため、温室効果ガスの排出量が増加した。2005年に発効した**京都議定書**では、2008〜2012年度に基準年の1990年度より温室効果ガスを6%削減することを求められたが、2014年度には1990年度から7.3%増加している。2015年には**パリ協定**が採択され、わが国も翌年批准した。そこでは長期目標として、工業化以前と比べた世界の平均気温の上昇が2℃を下回ること、そしてさらに1.5℃以内に抑えるよう努力することを定め、そのために各国が削減目標を5年ごとに更新し、それを実現するための措置をとることとなっている。

3-2 経済環境の変化に対する政策の経緯

まず,少子高齢化問題に対しては,主として社会保障と労働市場における政策によって対応がなされてきた。年金制度については,少子高齢化が進む中で年金財政の悪化が懸念され,年金の支給年齢が引き上げられた。2001年から厚生年金の定額部分について,2013年から同じく報酬比例部分について,それぞれ60歳から65歳へと3年ごとに1歳ずつ引き上げられた(女性はそれぞれ5年遅れ)。また,非加入者も多く,国民皆年金の年金制度の持続性に対する不安が高まる中,2004年には**持続可能な年金制度**を構築するための改革が行われた。国民年金と厚生年金の保険料を引き上げ,その上限を固定するとともに,基礎年金の国庫負担割合を3分の1から2分の1に引き上げたうえで,給付水準を調整する仕組み(マクロ経済スライド)を導入した。これにより,標準的な厚生年金の給付水準は現役世代の平均的収入の50%を上回るとされた。また,少なくとも5年ごとに年金財政の検証を行うこととした。

医療制度については,高齢化に伴う医療費の増加に対応するため,保険料負担,公費負担,患者自己負担を増やしている。2008年からは,医療費の抑制と高齢者の自己負担率の引き上げを行い,高齢者の保険制度として75歳以上を対象に**後期高齢者医療制度**を導入し,市町村の広域連合が保険者となり,5割を公費でまかなっている(2015年の医療保険制度改革関連法では,2018年から赤字体質の国民健康保険の運営を市町村から都道府県に移すことになった)。

高齢者の介護も社会問題となったため,2000年には**介護保険制度**を導入した。40歳以上が保険料を支払い,公費も5割を負担している。要介護者は自己負担1割で介護サービスを利用できる。

社会保障を支える税については，現役世代の負担となる所得税を中心とする税制から，国民が広く負担する消費税を高める方向へと税制改正が進められている。1989 年に**消費税**（3%）が導入され，97 年に 5% に引き上げられた。2012 年には社会保障と税の一体改革法案が成立し，消費税を 8%，10% へと引き上げ，消費税の税収は社会保障の安定と充実に用いられることとなっている（2014 年に 8% に引き上げられたが，2017 年の 10% への引き上げは延期された）。

　労働市場に目を向けると，年金の支給年齢の引き上げに伴ってそれまでの就業が可能となるよう，2004 年の**高年齢者雇用安定法**改正により，順次 65 歳までの定年延長や定年廃止あるいは定年後の継続雇用による雇用確保が義務づけられた。また，1986 年には**男女雇用機会均等法**が施行され，女性の雇用促進が進められた。

　潜在成長率に対しては，資本や労働の増加についてはマクロ経済政策が貢献するが，主として生産性の向上に向けた規制改革等の措置がとられた。これについては次節で見ることにする。

　次に，環境問題に対しては，高度成長期以来の公害問題に代わって，1980 年代からオゾン層破壊問題や気候変動問題をはじめとする地球規模の環境問題への注目が集まった。1997 年に京都議定書が採択され，アメリカを除く先進国が温室効果ガスの排出削減目標を受け入れた。日本政府は地球温暖化防止のための各種取り組みを行ってきたが，炭素税や排出枠取引制度などの実効性のある経済的措置は，工業界の反対などの理由で長らく導入が見送られてきた。日本での経済的措置の活用としては，2010 年から東京都で，2011 年度から埼玉県でも実施された排出量取引制

度と，2012年から導入された炭素税が挙げられる。また，東日本大震災に伴う福島第一原発事故の影響から，再生可能エネルギー導入の機運が高まり，太陽光発電設備や風力発電所の設置を促進するための**固定価格買取制度**が2012年から実施されている。

4 日本経済の構造変化と経済政策

4-1 日本経済の構造変化

日本は人口構成の変化や為替レートの変動を受け，また諸外国の経済発展に対応して，産業構造を変化させてきた。その変化について就業構造を通じて見てみよう。図1-6は1980〜2015年の**就業構造**を表している（2002年の産業分類の変更により一部データの断絶が生じていることに注意されたい）。1980年から顕著な増加傾向にあるのがサービス業である。他方，大きく減少しているのが農林漁業・鉱業である。製造業は1990年代前半をピークにそれ以降は減少に転じている。

製造業就業者の減少は，日本企業の海外生産増加の影響を受けている。日本の大幅な経常収支黒字とアメリカの赤字が原因で日米貿易摩擦が1990年代まで継起的に生じたこと，円高により賃金の内外格差が大きくなったこと。また中国をはじめ途上国の経済発展により消費地に近いところで生産する利点もあり，日本の企業は海外進出を増やした。図1-7は1983年度以降の製造業の**海外生産比率**の推移を表している。製造業の海外生産比率は，2013年度において全法人企業ベースで22.9%であり，業種別に見ると，輸送機械が43.7%，情報通信機器が30.4%，汎用機械

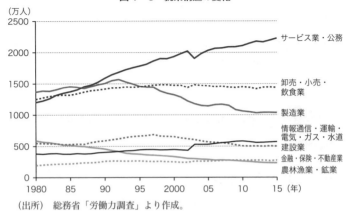

図1-6　就業構造の変化

(出所)　総務省「労働力調査」より作成。

図1-7　海外生産比率の推移（製造業）

(注)　海外生産比率 $= \dfrac{\text{現地法人売上高}}{\text{現地法人売上高}+\text{本社企業売上高}}$

(出所)　経済産業省「海外事業活動基本調査」より作成。

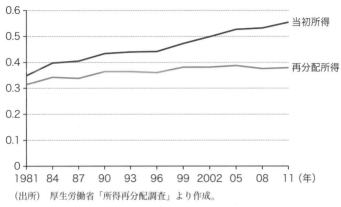

図1-8 ジニ係数の推移

(出所) 厚生労働省「所得再分配調査」より作成。

が27.6％と高い。海外進出企業（製造業）に限ると，その海外生産比率は35.6％にも及ぶ。また製造業の現地法人の雇用状況については，1995年には185万人を雇用していたが，それが2013年には457万人に達した。

一方，わが国では**所得格差**が大きくなってきている。所得格差を表す代表的な指標に**ジニ係数**がある。ジニ係数は，0から1の範囲の値をとり，値が大きいほど格差が大きいことを示す値である。図1-8は1981年以降のジニ係数の推移である。1981年以降，当初所得のジニ係数は上昇傾向にあり，格差が広がっている。所得格差の拡大の原因としては，所得格差の大きい高齢者の比率が増大していることが挙げられる。しかし，税や社会保障による再分配が行われた後の所得で見るとジニ係数の上昇幅は小さくなる。当初所得の格差は大きくなっているが，再分配による格差の改善の程度も大きくなっていることがわかる。

次に，**地域格差**について見ると，国内の人口分布が変化して**東**

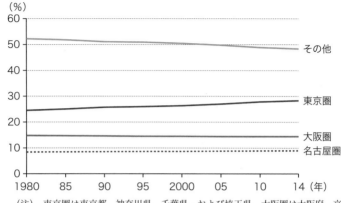

図1-9 人口分布の推移

(注) 東京圏は東京都,神奈川県,千葉県,および埼玉県。大阪圏は大阪府,京都府,兵庫県,および奈良県。名古屋圏は愛知県,岐阜県,および三重県としている。
(出所) 総務省統計局「人口推計」により作成。

京一極集中が生じ,格差が大きくなっている。図1-9は1980年以降の三大都市圏(東京圏,名古屋圏,大阪圏)とそれ以外の人口の割合の推移を表している。大阪圏と名古屋圏はおおむね安定的であるのに対し,三大都市圏以外の人口割合が低下し,東京圏の人口割合が上昇している。これは農業が衰退したり,工場の海外移転が進む一方で,産業の高度化により都市への集中のメリットが生じているためと見られる。この他,本社機能の東京集中や産業の高度化に伴う人材の東京集中により,住民の間の所得格差や自治体の財政余力の面でも東京とそれ以外の間で地域格差が広がっている。

4-2 経済の構造変化に対する政策の経緯

発展途上国の技術キャッチアップや円高による国際競争力の低

下により，製造業を中心に海外直接投資と海外への生産移転が進んだため，国内の**産業空洞化**が懸念された。そこで企業の生産性を高め，国際競争力を高めることを求める政策がとられた。独占禁止法の改正により，1997年に持株会社が解禁される一方，2005年と2009年の改正によりカルテルや私的独占への課徴金が高まるなど厳罰化がなされた。

また，規制産業の生産性を高めるため，民営化や規制改革がなされた。1980年代前半には**電電公社・専売公社・国鉄民営化**，2000年代前半に郵政・道路公団民営化が行われた。公益事業の規制緩和も進み，通信，電力・ガス等の産業で参入自由化や価格規制の自由化・撤廃が実施された。2016年には電力小売りの自由化が行われ，2017年4月にはガス小売りの完全自由化も行われる予定であり，業態を超えた競争の促進が推進されている。

医療，教育，農業といった従来は社会的規制が行われていた分野でも，医薬品のネット販売，国立大学の法人化，農協改革等の自由化の動きがあるが，規制改革のスピードが速いとは言えない。全国一律の自由化が進まない中で，突破口を開くため**特区**制度が設けられた。これまでに，外国人医師・看護師の診療や業務解禁，民泊の旅館業法の適用除外，公設民営学校の設置，家事支援の外国人受け入れ，農地保有のできる法人や農業生産法人の要件緩和が実施されている。

所得格差について見ると，若者を中心に正規雇用と非正規雇用の間の格差が社会問題となっている。税制面において国際競争力強化のために法人税が減税される一方で，所得税から消費税への税源のシフトがなされたことや，労働市場において「失われた20年」の間の失業率の増大や派遣労働の規制緩和などが原因と

されるが，正社員の解雇を厳しく規制する法制度が非正社員を増やしている面があり，また労働組合が正社員の利益を守ろうとしていることも理由の一部となろう。また政府は，教育支援策として，2010年から世帯所得に応じて高校の授業料の無償化等の支援を行い，2018年度からは大学生に給付型奨学金を導入する予定である。また，最低賃金を1000円に引き上げることを目標として最低賃金水準の引き上げ幅を高めている。2015年に改正パートタイム労働法，同一労働同一賃金推進法の施行を通じて，正社員とパートタイム労働者および派遣社員との差別的待遇を禁止するようにもしているが，いまだ実効性が不十分なものにとどまっていると言えよう。

地域格差は，就業構造の変化により都市への人口集中が進んだことに加えて，人口減少が拍車をかけた。地方都市の中心市街地が衰退したことから，1998年に**まちづくり3法**（改正都市計画法，大規模小売店舗立地法，中心市街地活性化法）を制定したが，その後も郊外への商業施設の立地が進んだ。国は1988年にふるさと創生で市区町村に1億円ずつ配布し，2008年にはふるさと納税制度を始めた。2015年には地方創生を掲げ，地方創生を推進する事業（しごと創生，地方への人の流れ，働き方改革，まちづくり）への交付金の交付や，政府関係機関の地方移転など，地方の活性化を目指した政策をとっている。地方においては，青森市や富山市などは中心市街地の再開発や公共交通の整備を行い，商業施設や病院などの都市機能を中心市街地に集約し，住民の中心市街地への集積を促す**コンパクトシティ**を目指すようになった。住宅地が郊外に広がったなかで，役所・公民館や病院等の公共施設や鉄道・道路，上下水道等の公益事業は高度成長期に設備投資を行ったも

のが多く,その更新投資は莫大な費用がかかるので,市街地を縮小することは効率的である。しかし,地方では中心市街地の再開発が遅れた中で,自動車が普及して郊外の大規模ショッピングセンターを中心とした商業圏が成立しており,青森市のように再開発施設が破綻するなどコンパクトシティは必ずしもうまくいかない点もある。

5 おわりに
経済政策の課題

これまで見てきたように,1980年代以降の日本経済は,概して困難な状況に直面し,それを克服することを目指してきたが,必ずしもその目的は十分に達成されないままであると言えよう。日本経済が困難な状況から脱却するには,産業分野では規制・保護されてきた産業で,これまでの慣習を打ち破るような社会の変革が必要となっている。たとえば,規制緩和や自由化分野では,岩盤規制と呼ばれる既得権益を打破し,イノベーションを推進する必要があろう。また,格差問題,社会的規制,農業,地方の衰退等を解決するには,単に公的資金を配分する再分配政策ではなく,個人や企業あるいは自治体の自立と創意を促すような政策が必要であろう。

読者の皆さんには,ぜひ本書を通じて経済の動きの法則を学び,経済政策の手段や効果を学ぶとともに,実際にとられてきた経済政策を批判的に検討し,今後の経済政策のあり方について考える力を身につけてもらいたいと願っている。

[柳川 隆]

表 1-1 歴代内閣の主な経済政策

総理大臣	就任日	日数	主な経済政策
鈴木善幸	1980年7月17日	864	行政改革のため第2次臨時行政調査会を設置（1981年）
中曽根康弘	1982年11月27日	1806	電電公社（1985年）・専売公社（1985年）・国鉄（1987年）の民営化，プラザ合意（1985年9月），労働者派遣法成立（1985年），男女雇用機会均等法成立（1985年）
竹下登	1987年11月6日	576	消費税法成立（1988年。1989年より税率3%）
宇野宗佑	1989年6月3日	69	
海部俊樹	1989年8月10日	818	日米構造協議（1989～90年）
宮澤喜一	1991年11月5日	644	金融機関への公的資金投入未遂（1992年）
細川護熙	1993年8月9日	263	
羽田孜	1994年4月28日	64	
村山富市	1994年6月30日	561	税制改革関連法成立（1994年。1997年から消費税を5%に引き上げ）
橋本龍太郎	1996年1月11日	932	金融ビッグバン等の構造改革提唱（1996年），京都議定書採択（1997年），まちづくり3法制定（1998年）
小渕恵三	1998年7月30日	616	金融再生関連法成立（1998年），男女共同参画社会基本法成立（1999年），派遣労働規制緩和（1999年）
森喜朗	2000年4月5日	387	
小泉純一郎	2001年4月26日	1980	道路公団民営化（2004年。2005年に民営化）・郵政民営化法成立（2005年。2007年に民営化），年金制度改革（2004年），高年齢者雇用安定法改正（2004年），医療制度改革法成立（2006年）
安倍晋三	2006年9月26日	366	
福田康夫	2007年9月26日	365	
麻生太郎	2008年9月24日	358	
鳩山由紀夫	2009年9月16日	266	
菅直人	2010年6月8日	452	電気事業者による再生可能エネルギー電気の調達に関する特別措置法成立（2011年）
野田佳彦	2011年9月2日	482	社会保障・税一体改革関連法成立（2012年。2014年から消費税を8%，15年に10%に引き上げ）
安倍晋三	2012年12月26日（2016年12月31日現在）	1467	アベノミクス（大胆な金融政策，機動的な財政政策，民間投資を喚起する成長戦略），電気事業法改正（2013, 2014, 2015年），消費税率10%引き上げを延期（2014年），パートタイム労働法改正（2014年），医療保険制度改革法成立（2015年），地方創生事業（2015年），同一労働同一賃金推進法成立（2015年），TPP協定成立（2016年）

練習問題

1-1 ジニ係数について以下の問いに答えなさい。
(1) ローレンツ曲線とジニ係数の定義を調べなさい。
(2) 以下の表は 2014 年のわが国の世帯五分位の年間収入である（総務省家計調査による）。すなわち，1 万軒の世帯について，最も収入の低い 2000 世帯を I とすると，その平均年収は 166 万円，最も収入の高い 2000 世帯を V とすると，その平均年収は 1068 万円である。わが国がこれらの収入を得る代表的な 5 世帯からなる経済と考えて，収入の累積比を求めなさい。また，この結果を用いてローレンツ曲線を描きなさい。
(3) この経済のジニ係数を求めなさい。
(4) わが国のジニ係数を他国と比較し，国際的な位置について調べなさい。

階級	I	II	III	IV	V
年間収入（万円）	166	304	427	607	1,068
世帯の累積比	0.2	0.4	0.6	0.8	1
収入の累積比					

1-2 本書を読んだ時点での，以下の最新のデータを集めなさい。

```
名目経済成長率  実質経済成長率  ドル-円レート
実質実効為替レート指数  日本の潜在成長率  温室効果
ガス排出量  就業構造  海外生産比率  人口分布（東
京圏，大阪圏，名古屋圏，その他）  ジニ係数
```

 文献ガイド

日本経済および日本の経済政策についての比較的新しい文献とし

て下記が挙げられる。本書であまり触れられていないテーマについて学ぶうえで役立つほか，本書と同様のテーマについても記述が異なる点もあって参考になる。

(1) 浅子和美・飯塚信夫・篠原総一編（2015）『入門・日本経済（第5版）』有斐閣。
   - 高度成長以来の日本経済の歩みについて詳しく述べられている。また本書であまり触れられていない貿易について有益である。
(2) 瀧澤弘和・小澤太郎・塚原康博・中川雅之・前田章・山下一仁（2016）『経済政策論―日本と世界が直面する諸課題』慶應義塾大学出版会。
   - 本書であまり触れられていないエネルギー政策や産業政策について参考にするとよい。
(3) 三橋規宏・内田茂男・池田吉紀（2015）『新・日本経済入門』日本経済新聞出版社。
   - 本書であまり触れられていない物価，貿易，為替，産業構造について参考にするとよい。

第2章

経済政策論の基礎

1 はじめに
経済政策論の基本課題

　一般に経済政策は，人々の経済生活に対する公的な介入と解されるように，国，地方自治体，中央銀行等，公権力を有するあるいはそれを委譲された組織が，直接的ないし間接的に人々の経済生活に働きかけることを意味する。この意味で経済政策を捉えるならば，経済政策の具体的内容は，財政政策，金融政策，産業政策，環境政策，社会保障政策等，多岐にわたる。経済政策論は，こうした多様な経済政策を対象とする学問分野にほかならないが，個々の個別経済政策に関する議論に入る前に，本章では経済政策全体に関してあらかじめ理解すべきことを見ていくことにしよう。

　日本政府がどのような経済政策を実施しようとしているかは，経済財政諮問会議を通じて作成される「経済財政運営と改革の基本方針」を通して知ることができる。2016年の「経済財政運営と改革の基本方針」（以下，「基本方針2016」と略す）では，「一億

総活躍社会」を基本理念とする「新しい経済社会システム」を実現するために，経済政策の目指すべき目的として「成長と分配の好循環」の確立が掲げられ，さらに，この目的を達成するためのより具体的な政策目的として，いわゆるアベノミクスの「新・三本の矢」とされる「GDP 600 兆円経済の実現」「希望出生率 1.8 の実現」「介護離職率ゼロの実現」という数値目標が示された。「基本方針 2016」では，これらの政策目的を達成するために必要な経済政策として，研究開発投資の推進，規制改革，非正規雇用の待遇改善や高齢者雇用の促進，子育て支援や介護支援の充実といった多様な政策が示され，これらの政策に政府が一体として取り組むことが提示された。もちろん，この「基本方針 2016」は，政府の経済政策の基本方針を示したものであり，具体的な政策内容は，政治的な政策形成過程の中で決定され，実行に移されることになる。とはいえ，そうした多種多様な政策が全体として目指すべき道を示したのが「基本方針 2016」であると言うことができる。

この「基本方針 2016」は，あくまで 1 つの例示にすぎないが，それでもそこから，経済政策論において取り扱うべき諸課題を導き出してくることができる。第 1 に，先にも述べたように「基本方針 2016」では「成長と分配の好循環」の確立という政策目的が掲げられ，それをより具体化する形で 3 つの数値目標が示されたが，「基本方針 2016」だけでなく，一般に経済政策の策定にあたっては，なんらかの**政策目的**があらかじめ設定されていなければならない。どのような経済政策であれ，まったくの無目的に実施される経済政策など考えることはできないのである。それゆえ，経済政策論においては，いかなる政策目的が設定されるべきなの

か，また，現実に設定されている政策目的が妥当性を持ったものであるのか，といった政策目的に関する検討がなされなければならない。

　第2に，「基本方針2016」では先に述べた政策目的を達成するために必要な諸政策が提起されたが，これらの政策は，政策目的を達成するための手段として位置づけることができる。それゆえ，経済政策の追求すべき目的が明らかにされれば，次に，その目的を達成するために必要とされる**政策手段**の分析がなされなければならない。設定された政策目的を達成するためにはいかなる政策手段をとるべきなのか，また，現実に実施された政策手段の効果はどのようなものであり，その政策手段はどのように評価されるのか，こうした政策手段の分析に，経済政策論は取り組まなければならない。とりわけ，個々の政策目的を達成するための具体的な政策手段の解明は，個別経済政策を対象とする経済政策論の中心的な課題領域と言うことができる。

　第3に，「基本方針2016」で示された諸政策ならびにその具体的な政策内容は，政治的な政策形成過程を通じて決定され，実施されることになる。現実に経済政策を策定し実施するのは，なんらかの政策主体であり，この政策主体や政策形成過程の分析なしに，実際にどのような性質の経済政策が実施されることになるのかを理解することはできない。そして，もし現実に策定される経済政策が望ましい経済政策と異なるとすれば，政策主体に望ましい経済政策をとらせるにはどうしたらよいのかを検討していくことも，政策主体の分析を通じてはじめて可能になると言うことができる。それゆえ，**政策主体**や**政策形成過程**の分析は，経済政策論に課せられた重要な課題にほかならない。

最後に,「基本方針2016」においては多様な個別経済政策の必要性が提起されたが, それらの諸政策は, ばらばらに場当たり的に考えられたものではなく,「一億総活躍社会」の実現という基本理念のもとに, 一定の統一性と体系性を確保しながら構想された一種の体系的な経済政策構想として捉えることができる。こうした経済政策構想を展開するためには, どのような経済社会の枠組みを構築しようとするのかについての基本理念がまずもって明確にされなければならず, それゆえ, まさにその思想的基盤が問われることになる。このことから, 経済政策論においては, どのような経済政策思想に基づいていかなる経済政策構想を展開しようとするのか, また, 現実に提起されている経済政策構想の思想的基盤はいかなるものであるのか, こうした**政策思想**の検討を行うこともまた重要な課題となるのである。

　以上のように, 政策目的, 政策手段, 政策主体, そして政策思想に関する検討は, 経済政策論の基本課題と言うことができる。以下では, それぞれのテーマに関して基本的に理解しておくべきことを説明することにしよう。

2　経済政策の目的と手段

2-1　経済政策の基本目的

　経済政策の目的には, 個別具体的な政策目的と, その政策目的のいわば規範的根拠をなすより抽象的な基本目的とが存在する。ここではこの**経済政策の基本目的**に焦点を当てながら, 政策目的について見ていくことにしよう。

(1) 福祉の向上

 どのような経済政策であれ、それは最終的には人々の生活状態の改善、経済学的に言えば人々の厚生ないし福祉の向上につながるものでなければならない。経済政策が結果的に人々の生活状態を悪化させることはあるにせよ、少なくとも目的として人々の生活状態の悪化が目指されるなどということは、決してあってはならないことであろう。それゆえ、人々の**福祉の向上**は、経済政策の基本目的の中心的位置を占めることになる。ただし、ここで言う福祉が物質的な生活状態のみを意味するのではなく、**生活の質**を含めた概念であることには注意しなければならない。というのも、人々の生活水準は、物質的な豊かさだけでなく、人や自然との温かなふれあい、文化的により洗練された生活といった質的な諸要因によっても規定されてくるからである。それゆえ、福祉の向上という基本目的を実現するためには、物質的な生活水準を高めていくだけでなく、人々の生活を取り巻く自然環境や社会環境を改善し、文化的な生活の質の向上を図っていく必要があるのである。

(2) 経済効率の達成

 人々の福祉の向上を図るためには、当然、なんらかの財・サービスが必要になってくる。しかし、その財・サービスの生産に必要な資源は、決して無限に存在するものではない。むしろ、近年の資源・環境問題の深刻化が示しているように、資源は希少で限られたものであるため、その限られた資源をできる限り効率的に活用することが求められる。ここから、経済政策の第2の基本目的として、静態的にも動態的にも、効率的な資源配分と生産の実現、いわゆる**効率性**ないし**経済効率の達成**という政策目的が立て

られることになる。ミクロ経済学で一般的に用いられるパレート最適という基準は、この経済効率が達成できている状態を定式化したものであり、また、しばしば経済政策の個別目的とされる経済成長、完全雇用、物価安定といった諸目的は、マクロ経済の視点に立って、この経済効率の達成という基本目的から導かれてくるものである。

(3) 分配の公平の実現

希少な資源を用いて効率的に生産された財・サービスは、それを必要とする人々に分配されてはじめて福祉の向上に役立つことができる。それゆえ、所得や資産の**分配の公平**の実現は、経済政策の第3の基本目的となる。ただし、分配の公平に関しては、何をもって公平とみなすかに関して、大きく**貢献原則**と**必要原則**の2つの考え方が存在する。貢献原則は、生産への各人の貢献に応じて行われる所得分配を公平とみなす。この原則の場合、当然、**所得分配の格差**がもたらされることになるが、それが各人の貢献度の違いによるものである限り、その格差は公平とみなされる。貢献原則のもとで不公平と判断されるのは、出発条件が不平等であるために生じてくる格差であり、その結果、この原則を重視した場合、出発条件の平等、いわゆる**機会の平等**を政策目的とした経済政策が要請されることになる。一方、必要原則は、各人の必要に応じた所得分配を公平とみなす原則である。この原則に基づけば、社会の一員としてふさわしい生活を営めるような所得を各人に平等に保障することが求められ、分配政策としては、**結果の平等**を重視した経済政策が目指されることになる。

これら2つの原則は、それぞれに長所と短所を持ち、いずれかの原則のみに立った分配の公平を目指せばよいというものではな

い。すなわち，貢献原則は，生産と分配を直接関係づける分配原則であるため，労働インセンティブの点で優れているが，貢献能力を持たない人への所得保障を排除することになる。一方，必要原則は，貢献能力に関係なくすべての社会成員への所得保障を求めるが，生産と分配の関係が断ち切られているため，労働への誘因を弱めるという問題を持つ。それゆえ，分配の公平という基本目的を実現するためには，これら2つの原則をともに配慮した経済政策が目指されなければならないのである。

2-2 政策目的の体系

以上，経済政策の基本目的として，福祉の向上，経済効率の達成，分配の公平の実現という3つの基本目的を説明したが，これらは，消費，生産，分配という経済の3つの側面に対応するいわば経済に内在する基本目的と言うことができる。経済政策論では，こうした経済に内在する基本目的は，**構成的基本目的**と呼ばれるが，経済政策を考えるにあたっては，構成的基本目的だけでなく，以下で述べる人間生活において守られるべき社会倫理的諸価値にも配慮することが必要となる。というのも，経済は，あくまで人間生活の一領域にすぎず，それゆえ，経済生活においても，社会倫理的諸価値に反したことは許されないからである。

近代社会においては，人格たる人間の尊厳の尊重が何よりも重視され，ここから万人への自由で平等な基本的人権の保障が求められることになる。こうした**人格価値**，**自由**，**平等**という社会倫理的諸価値は，経済生活においても尊重される必要がある。たとえば，人格価値という社会倫理的価値から，人格たる人間の尊厳を傷つけるような悲惨な生活を強いられる貧困者をそのままにし

図2-1 政策目的の体系

構成的基本目的（経済に内在する）	個別目的の具体例
福祉の向上（消費）	物質的な生活水準の向上 文化的な生活の質の向上
経済効率の達成（生産）	経済成長 完全雇用 物価安定
分配の公平の実現（分配）	機会の平等の実現 結果の平等の実現

規制的基本目的（経済を外から規制する）		
人格価値	自由	平等

ておくことは許されないし，また，労働者を単なる生産手段の1つにすぎないものとして捉え，過酷な労働環境で働かせることも許されないことになる。公的扶助政策や労働条件向上のための政策が必要とされる規範的根拠は，まさにこうした社会倫理的価値に求められる。それゆえ，社会倫理的諸価値は，経済を外から規制する基本目的，すなわち**規制的基本目的**として，経済政策を考えるにあたっても尊重されなければならないのである。

以上のように，経済政策には多様な政策目的が存在するが，これらを整理したものが，図2-1である。図2-1を見ながら，多様な政策目的を体系的に捉える際に注意すべき点について，諸目的間の関係を中心にまとめておくことにしよう。

第1に，政策目的には，より抽象的で根本的な基本目的と，その基本目的を実現するための手段の地位を持つ個別具体的な目的とが存在する。それゆえ，諸目的の間にも，こうした目的―手段の関係があり，しかも，基本目的は，個別具体的な政策目的の規

範的根拠となる。

　第2に，経済政策の基本目的には，経済に内在する構成的基本目的と経済を外から規制する規制的基本目的がある。経済政策を策定するにあたっては，構成的基本目的だけでなく，規制的基本目的にも配慮することが求められる。

　第3に，諸目的間の関係は，ある目的の達成が他の目的の達成にもつながるという調和した関係にあるだけでなく，ある目的の達成が他の目的の達成を阻害するという競合的ないし矛盾した関係にある場合もある。たとえば，すでに述べたように，結果の平等の行き過ぎた追求は，労働インセンティブを弱め，経済効率を妨げることになる。また，経済成長をひたすら追求するというようなことがあれば，自然環境の破壊につながり，生活の質の悪化をもたらすことになる。それゆえ，ある政策目的を達成するための政策手段を策定するにあたっては，当該の政策目的だけを考慮すればよいわけではなく，図2-1に示されたような政策目的の体系を視野に入れ，他の政策目的への影響をも考慮しながら政策手段を考えていく必要があるのである。

2-3　経済政策体系の原則

　政策目的が設定されれば，その政策目的を達成するために必要な政策手段が明らかにされねばならない。個別具体的に必要とされる政策手段の解明は，後の諸章において示される個別経済政策を対象とした個々の経済政策論の課題であるが，それらの諸章において示されるように，経済政策の諸目的を達成するための政策手段も多種多様である。こうしたさまざまな目的と手段の諸関係から，経済政策全体の体系は構成されている。その際，経済政

の全体が一定の体系性を持つということができるためには，その体系が満たさなければならない諸原則が存在する。これらの諸原則は，一般に**合理性原則**と呼ばれ，次のようなものから成る。

① **形式的合理性（内的無矛盾性）の原則**：経済政策の全体が体系性を持つと言うことができるためには，まずもって，それが内に矛盾を含んだものであってはならないことが要求される。それゆえ，目的に適合しない手段が選ばれたり，また，ある目的の達成のために選ばれた手段が別の諸目的の実現を妨げたりすることがあってはならないのである。

② **価値的合理性の原則**：すでに述べたように，経済生活は人間生活の一領域を形成するものにすぎず，それゆえ，経済政策の体系もまた，人間生活の社会倫理的諸価値に適合したものでなければならない。この原則を満たさないような政策体系は，規範的な正当性を持つことはできないのである。

③ **現実的合理性の原則**：政策体系の具体的な内容は，その時々の現実の状況に応じて規定されてくる。それゆえ，政策体系は，現実の状況に適合したものでなければならず，政策体系を構想するにあたっては，常に現実の状況を的確に把握することが求められる。とりわけ，どの経済政策を優先的に実施すべきか，という問題を考えるにあたっては，この原則が重要なものとなる。

④ **技術的合理性の原則**：政策体系において用いられる手段は，その時々に技術的に可能なものでなければならない。そうでなければ，そのときに掲げられた目的は実現不可能なも

のにすぎず，単なる理想の旗印となってしまうからである。
⑤ **体制的合理性の原則**：政策体系は，現存の体制ないし目指す新たな体制に適合したものでなければならない。なぜなら，体制に適合しない経済政策を実施するとすれば，その体制それ自体を揺るがし，また求められる体制の実現を妨げるものになりかねないからである。

政策手段の選択にあたっては，これらの諸原則に十分に留意する必要がある。またすでに述べたように，今日，体系性のある経済政策構想が求められているが，いかなる構想が展開されるにせよ，その構想は，これらの諸原則に適合するものでなければならない。加えて，これらの諸原則は，現実の経済政策を評価するための基準ともなってくる。こうした多様な視点から現実の経済政策を評価することによって，より優れた政策体系を考案することが可能になってくるのである。

3　経済政策の主体

3-1　経済政策の主体とは

経済政策の主体として，通常，想定されるのは，**国家**である。国家は，社会学的には地縁的，全員的，組織的，統制的集団として定義されるが，この国家をどのように評価するかによって，展開される経済政策構想も変わってくる。一般に国家をネガティブに評価する立場に立てば，いわゆる「**小さな政府**」路線の政策が目指されるであろうし，逆に国家をポジティブに評価する立場か

らは「**大きな政府**」を目指す路線が選択されることになろう。この意味で国家観の問題は，経済政策構想を議論するにあたっては，重要なテーマと言うことができる。しかしながら，現実にどのような経済政策が策定され，実施されるに至るのかを明らかにするためには，国家という抽象的なレベルにとどまっていることはできず，より具体的な政策主体の分析に入っていかざるをえない。

経済政策の主体をより具体的に捉えれば，それぞれの国の政治体制に応じて，国，連邦，州，県，市町村といったさまざまなレベルにおいて，政策主体が存在する。しかもその内部には，立法ならびに行政の各種機関が存在し，とりわけ行政府は多くの省庁や部局から構成されている。また，こうした立法・行政の諸機関と並んで，中央銀行も重要な政策主体であることは言うまでもない。さらに，今日のようなグローバル化した経済社会では，国際的な政策調整や政策決定がますます必要になることから，WTO（世界貿易機関）や世界銀行，EU（欧州連合）などの国際的な機関も重要な政策主体となる。

現実の経済政策は，これら多様な諸機関の間で調整され，策定されてくることになるが，しかしながら，現実の政策決定に影響を及ぼす主体はそれだけではない。政治制度が**民主制**を基本とする限り，各市民も選挙での投票を通じて，政治家や政党の行動をある程度，コントロールすることができる。さらに，人々が集団化・組織化し，利益団体が経済社会の動きを規定するようになる多元社会のもとでは，各種業界団体や労働組合といった利益団体の政治プロセスへの影響力がきわめて大きなものになっている。

このように，現実の経済政策の策定にあたっては，さまざまな政策主体ならびにそれに影響する主体が存在し，また，それぞれ

の主体の利害関係も多様である。それゆえ，現実にいかなる経済政策が策定されてくるのかを理解するためには，これら多様な主体の間での調整過程を把握する必要がある。こうした多様な主体の間での調整を通じてなされる政策形成過程の分析は，とりわけ1970年代以降，「公共選択論」と呼ばれる分野を中心にして研究が進められ，今日では経済政策論の重要な柱の1つとなっている。

3-2 公共選択論

公共選択論は，「経済学的分析を用いた非市場的決定の分析」と定義されるように，経済学の方法を用いて，政治のプロセス，とりわけ政策形成過程を分析しようとする研究分野にほかならない。経済学においては，家計は効用最大化を，企業は利潤最大化をそれぞれ目的として合理的に行動する主体であると想定され，この前提のもとに市場の分析が行われる。公共選択論は，この手法を政治プロセスにも適用し，それぞれの政治主体が自らの利益の追求を目指し合理的に行動するという想定のもとに，政策形成過程を分析していこうとする。

すでに述べたように，現実の政策形成過程には実に多様な主体が関わってくることになるが，民主制という政治システムのもとで重要となる主体に焦点を合わせて，それらの主体間の関係を簡単に図式化したものが，図2-2である。この図を用いながら，公共選択論の基本課題について説明していくことにしよう。

まず，民主制のもとでは，国民主権とされるように，**有権者**たる各市民が主権者であり，**政治家**ないし**政党**は，有権者の意思に基づいて行動することが求められる。この有権者による政治家・政党のコントロールは，選挙での**投票**を介して行われる。すなわ

図2-2 政策形成過程の主体

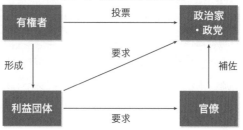

ち，政治家・政党は，選挙において政策パッケージと言うことのできる選挙公約を有権者に提示し，有権者は，自らの考えに近い公約を掲げる政治家・政党に投票する。その結果，より多数の票を獲得した政治家・政党が議会ならびに内閣を形成することになる。それゆえ，民主制における政策形成過程を分析するには，まずもってこの**選挙プロセス**に焦点を当て，有権者と政治家・政党との関係を明らかにしていく必要がある。

次に，今日の政治システムのもとでは，政治家・政党だけでなく，**官僚**もまた大きな役割を果たしている。本来，官僚に求められる役割は，政治家・政党が決定した政策を，与えられた規則・権限・予算に従って忠実に執行していくという行政の実務担当者としての役割である。しかしながら，**行政国家**とも言われるように，現実の官僚は，単なる政策の実施主体であるのではなく，その専門知識や情報量などを通じて，政治家・政党を補佐するという形で予算編成や政策の形成そのものに深く関与している。それゆえ，こうした官僚行動の分析は，政策形成過程の分析の不可欠の課題となる。

さらに，すでに述べたように，多元社会化した現代社会のもと

では，**利益団体**も政策形成に重要な影響を及ぼしている。すなわち，利益団体は，集票力，資金力，さらには情報力などを背景にして，政治家・政党ならびに官僚に対してさまざまな要求を突きつけ，自らの集団利益に有利な政策が策定されるように影響力を行使しているのである。それゆえ，利益団体の分析もまた，政策形成過程の分析においてはなされねばならない。とりわけ，自らの集団利益を貫徹しうる利益団体の特徴を明らかにすることは，どのような政策が形成されてくるかを理解するうえで，重要な課題となる。

以上，選挙プロセスの分析，官僚行動の分析，利益団体の分析という公共選択論の3つの基本的課題領域を挙げたが，これらの課題領域に関するさまざまな実証分析を通じて，**公共部門の肥大化**や**財政赤字**の慢性化，政治的便宜を求める**レントシーキング**による政策の歪みなど，現実の政府がもたらすさまざまな問題が明らかにされてきている。こうした政府がもたらす諸問題は，「**市場の失敗**」にならって「**政府の失敗**」と呼ばれるが，この「政府の失敗」の解明を通じて，公共選択論の諸研究は，政治システムのあり方や政府の役割を改めて問い直すとともに，公企業の民営化や規制緩和のような政策提言につながってきているのである。

4 経済政策思想

4-1 新自由主義の経済政策思想

戦後，日本を含む先進各国は，市場経済を基調としつつも，国家がその責任においてすべての国民に安定した生活を保障する**福**

祉国家体制を構築してきた。しかし，経済の低成長化に伴う国家財政の赤字化を契機として，福祉国家体制の見直しをめぐる議論が1970年代以降，盛んになされるようになる。この見直しをめぐる議論の中で，まずもって注目を集めたのは，かねてより福祉国家体制に否定的な態度をとってきた**新自由主義**の諸議論であった。とりわけ，イギリスのサッチャー（M. Thatcher）やアメリカのレーガン（R. Reagan）といった新自由主義に好意を寄せる政治家が各国で政権をとったことで，新自由主義の経済政策思想は，一躍脚光を浴びることになった。日本においても，中曽根政権や小泉政権などのもとで，公企業の**民営化**や**規制緩和**といった新自由主義型の経済政策が実施されるに至っている。

もちろん，新自由主義は，自由という価値を何よりも重視する思想という点では共通しているが，新自由主義という何か特定の教義が存在するわけではなく，論者ごとに多様な主張が行われている。しかし，大きく分類するならば，新自由主義は，アングロ・サクソン圏の論者を中心とした個人主義志向の強い新自由主義（以下，個人主義志向の新自由主義と呼ぶ）とオルド自由主義とも称されるドイツ語圏で展開されてきた新自由主義とに分類することができる。

個人主義志向の新自由主義の代表的論者としては，マネタリズムの総帥として知られるフリードマン（M. Friedman），公共選択論の創始者でもあるブキャナン（J. M. Buchanan）とタロック（G. Tullock），リバタリアニズムの代表的論者であるノージック（R. Nozick）やロスバード（M. Rothbard）などを挙げることができる。これらの論者の中でも，個人主義志向のより強い議論を展開しているのがリバタリアニズムの論者たちであるので，ここでは，

リバタリアニズムの議論を通して，個人主義志向の新自由主義の基本的特徴を見ていくことにしよう。

リバタリアニズムの根本規範となるのは，各個人が**自然権**として有する自己の身体への「**自己所有権**」とその身体を用いた労働の成果への「**財産権**」の不可侵性である。これらの権利は，何者によっても奪われてはならない不可侵の権利であり，それゆえ，他者の権利を侵害しない限り，各人の自由は最大限に保障されなければならないとされる。この基本的立場に基づき，リバタリアニズムにおいては，私的所有権と個人の経済的自由に基づく市場経済があるべき経済体制として位置づけられるとともに，国家による経済への介入は，各個人の不可侵の財産権や自由に対する重大な侵害として明確に否定されることになる。国家の役割をどのように考えるかは，リバタリアニズムの論者の中にも幅が見られるが，原則的にはノージックによる「**最小国家**」の考えに示されるように，先に述べた自然権を保護するための国防や治安の維持などに限定されることになる。こうしたリバタリアニズムの考えからも明らかなように，個人主義志向の新自由主義の政策思想は，近代自然権思想に基づく**古典的自由主義**の政策思想に非常に近いものとなっている。すなわち，古典的自由主義においては，国家の役割は，「**夜警国家**」と比喩されるように，不可侵の自然権とされる自由権と財産権を保護するための国防や治安の維持，一部の公共事業に限定され，あとは市場での各人の自由な経済活動にゆだねておきさえすれば，「**見えざる手**」に導かれて社会全体の豊かさが実現されるとされたのである。

このように個人主義志向の新自由主義が古典的自由主義とさほど変わらない政策思想を展開するのに対し，古典的自由主義との

違いを明確に意識し，まさに「新しい」という形容詞にふさわしい新自由主義の政策思想を展開したのがオルド自由主義である。オルド自由主義の代表的論者としては，オイケン（W. Eucken），レプケ（W. Röpke），リュストウ（A. Rüstow），ミュラー・アルマック（A. Müller-Armack）などを挙げることができるが，このオルド自由主義は，戦後ドイツの経済社会の基本枠組みである**社会的市場経済**の思想的基盤となった政策思想としても知られている。

オルド自由主義が目指す経済体制は，「**競争秩序**」と言われる自由で競争的な市場経済の体制である。この意味では古典的自由主義と差異はないが，オルド自由主義によれば，古典的自由主義の根本的な問題は，経済を中世の拘束の体系から解放し，あとは人々の自由な経済活動にゆだねておきさえすれば，競争秩序が自ずから実現されると考えたことにある。しかしながら，競争秩序は，そのような**自生的秩序**ではなく，自由放任に任されるとき，常に自己破壊的傾向を持つ。すなわち，レッセフェール（自由放任）型の市場経済体制のもとでは，一方において強大な市場支配的勢力が生み出されるとともに，他方において生活基盤を奪われた無産のプロレタリア（労働者階級）という大量の群集が作り出されることになるのである。

それゆえ，オルド自由主義は，古典的自由主義とは違い，国家の役割を自由権や財産権を保護するための国防や治安の維持に限定しようとはしない。むしろ，オルド自由主義によれば，国家は，競争秩序を実現・維持するための諸政策を強力に推し進めていく必要がある。ただし，そこで必要とされる政策は，競争秩序という市場経済の秩序枠を形成・維持するための政策に限定され，その枠組みの中で行われる日々の経済活動に介入しようとする政策

を実施してはならないとされる。それゆえ、オルド自由主義においては、価格統制や数量統制だけでなく、総需要の動きを管理しようとする**ケインズ政策**に対しても否定的な態度がとられることになる。また、オルド自由主義は、社会保障政策に関しても批判的である。というのも、社会保障政策は、全国民を国家の被扶養者とするものにほかならず、その結果、人々の他者依存的傾向が強化され、オルド自由主義が何よりも重視する人々の自由で自律的な精神が失われていくことになるからである。

これに対して、オルド自由主義が重視する政策が**独占禁止政策**と**財産形成政策**である。独占禁止政策は、競争秩序を破壊することにつながる市場支配的勢力の出現を阻止するために必要とされ、財産形成政策は、真に自立した生活の基盤をプロレタリア化した人々に保障するために必要とされる。もちろん、オルド自由主義によって求められる政策は、独占禁止政策と財産形成政策にとどまるものではない。しかし、どのような政策であれ、その政策は、競争秩序の実現・維持に資する政策、あるいは「**市場整合性の原則**」と言われるように、少なくとも競争秩序に矛盾しない政策でなければならないのである。

4-2 アメリカのリベラリズム

リベラリズムという用語を日本語に訳せば、自由主義となるが、アメリカで**リベラリズム**と言った場合、リバタリアニズムに代表される新自由主義とは明確に異なる思想を意味する。むしろ、アメリカのリベラリズムが主張する経済政策思想は、次に述べる新社会主義の経済政策思想にきわめて近いということができる。これは、アメリカに厳然と存在する人種差別、性差別の問題が社会

問題化する中で、社会的、経済的弱者の自由が犠牲にされているという基本認識に立って、こうした弱者の自由を実現するための思想として登場してきたのがアメリカのリベラリズムであることによる。その代表的論者として挙げられるのが、ロールズ (J. Rawls) である。ロールズは、自分の境遇（性別、人種、経済状態等）も能力もわからない「**無知のヴェール**」に覆われた状態を仮説的に設定し、この仮説的状態のもとでは、最も恵まれない立場にある人の利益を最大にする分配原則に人々は合意することができ、これこそが公平な分配の原則であると主張する。「**格差原則**」として知られるこの原則に従えば、機会の平等を保障するだけでなく、所得や資産の**再分配政策**が国家の重要な政策として提起されることになる。このように、アメリカのリベラリズムは、新自由主義とは違い、再分配政策や社会保障政策を推進する立場をとり、また、新自由主義がケインズ政策に対し否定的であるのに対し、ケインズ政策を積極的に擁護していこうとする。こうした特徴を持つことから、アメリカでは、リベラリズムが社会主義的な考え方を代表する経済政策思想となっている。

4-3 新社会主義の経済政策思想

第一次世界大戦後、社会主義の東西分裂が決定的となり、かつての旧ソ連・東欧諸国が**マルクス主義**に基づく経済体制を構築してきたのに対し、第二次世界大戦後の西欧諸国における社会主義思想の中心を担ってきたのが自由社会主義や民主社会主義とも称される**新社会主義**の思想であった。新社会主義は、イギリスの労働党やドイツのSPD（社会民主党）などの社会主義諸政党と結びつき、これらの政党を支える思想的基盤となっている。

もちろん，新社会主義といっても，そこには多様な流れが存在するが，思想的に重要となるのは，イギリスの**フェビアン社会主義**とドイツの新社会主義の流れである。バーナード・ショウ（G. Bernard Shaw）やウェッブ夫妻（S. Webb and B. Webb）を代表的論者とするフェビアン社会主義は，伝統的にマルクス主義とは異なる独自の社会主義思想を展開し，イギリスの社会主義思想の中心を担ってきた。フェビアン社会主義が掲げたナショナル・ミニマムの考えは，ベヴァリジ・プランに取り入れられ，戦後のアトリー労働党政権のもとで実現されることになるが，この考えは，イギリスの社会保障制度の基本理念の1つを形作っていると言うことができる。一方，かつてはマルクス主義の影響の強かったドイツにおいて，マルクス主義から完全に脱するための新たな社会主義の理論的体系化を図ってきたのが，ドイツの新社会主義者たちである。彼らの考えは，第二次世界大戦後，SPDの基本綱領に取り入れられ，これによりSPDは，完全にマルクス主義と決別することになる。その代表的論者としては，ハイマン（E. Heimann），ヴァイサー（G. Weisser），シラー（K. Schiller）などを挙げることができる。

　このように，フェビアン社会主義もドイツの新社会主義も，マルクス主義とは一線を画する社会主義思想であり，このマルクス主義との違いという点から，新社会主義の政策思想のおおよその基本的特徴を見てとることができる。すなわち，マルクス主義は，階級闘争による革命を通じて資本主義体制を打破し，プロレタリア独裁に基づく社会主義体制を実現しようとするが，こうした急進的な革命路線を，新社会主義は明確に拒否する。新社会主義によれば，いかなる独裁制も，それがたとえプロレタリア独裁であ

っても，無制限の恣意的支配をもたらすことになる。それゆえ，新社会主義は，民主社会主義ないし社会民主主義とも称されるように，民主制を堅持する。そして，この民主制の枠内で，実現可能な諸政策を実施し，たえざる社会改良を通じて漸進的に社会主義の理念を実現していこうとする。こうした民主主義を基盤とした現実主義的，漸進主義的な政策思想を展開することが，新社会主義の大きな特徴と言うことができる。

　加えて，マルクス主義と新社会主義の間には目指す経済体制の枠組みに関しても，大きな違いがある。マルクス主義によれば，生産手段の私有制こそが階級支配の根源であり，また，市場システムは生産の無政府状態をもたらすものでしかない。それゆえ，マルクス主義は，私有制と市場システムから成る**市場経済体制**を否定し，共有制と計画システムに基づく**計画経済体制**をあるべき経済体制として位置づける。これに対し，新社会主義は，ドイツの新社会主義において明確に主張されるように，むしろ市場経済の枠組みを原則としようとする。これは，ドイツの新社会主義が自由社会主義とも称されることからもわかるように，平等，公平性，連帯性という基本価値と並んで，自由をも重視するその基本的価値理念に基づくものである。それゆえ，新社会主義は，「できる限りの競争，必要なだけの計画」というドイツのSPDの基本綱領で掲げられた原則に基づいて，市場と計画という2つの調整システムをともに取り入れ，また，生産手段の所有制に関しても，私有制を原則としつつ，必要な限りにおいて社会化を図っていこうとする。もっとも，フェビアン社会主義に関しては，産業の国有化が近年に至るまで労働党の綱領の中に維持されてきたことからもわかるように，より国家社会主義的傾向が強かったと言

うことができる。しかしイギリスにおいても、ブレア（T. Blair）によるオールド・レーバーからニュー・レーバーへの労働党の改革により、産業の国有化の旗が1995年に正式に党の綱領から降ろされ、これにより二元的な混合経済体制という新社会主義の目指す経済体制の方向性がより明確なものになってきている。

このように、新社会主義においては、市場を原則としつつも、必要な限りで計画という要素を取り入れていこうとするが、もちろん、ここで言う計画とは、マルクス主義の主張するような細部にわたる計画ではなく、国民所得や投資などのようなマクロ的な諸変数を誘導しようとするケインズ型の総需要管理を中心とした「枠計画」を意味する。それゆえ、新社会主義の政策構想においては、ケインズ型の**総需要管理政策**が経済政策の大きな柱の1つとなってくる。また、すでに述べたように、イギリスにおいて労働党政権のもとで社会保障制度が確立し、ドイツでもSPD政権のもとで社会保障の拡充が行われたことからもわかるように、社会保障政策を中心とする**社会政策**の推進が新社会主義の政策構想のいま1つの柱をなしている。これら以外にも多様な経済政策の必要性を新社会主義は提起するが、こうした政策構想の基本的特徴からしても、新社会主義は、福祉国家体制を支え推進してきた政策思想と言うことができる。

5 おわりに

本書の後の諸章においては、個別経済政策領域における議論が展開されることになるが、それぞれの領域において必要とされる

経済政策とは何かを考える際にも，本章において述べられた政策目的の体系や経済政策体系の諸原則に絶えず注意を払いながら考察を進める必要がある。また，経済政策論においては，望ましい経済政策を明らかにすれば，それで議論が終わるわけではない。その政策が現実の政策形成過程を通じて実現されるためにはどうすればよいのか，という議論にまで，経済政策論は踏み込んでいく必要がある。そして，経済政策論が，日本の経済社会をよりよい経済社会へと発展させていくための学問であるとすれば，日本がこれからどのような経済社会を作り上げていくべきなのかを，経済政策論は問い続けていかなければならないのである。

[永合 位行]

練習問題

- **2-1** 政策目的の体系について説明しなさい。
- **2-2** 経済政策体系の原則について説明しなさい。
- **2-3** 公共選択論の基本課題について説明しなさい
- **2-4** 新自由主義と新社会主義について説明しなさい。

文献ガイド

(1) 丸谷冷史・永合位行・高倉博樹・朴勝俊編著（2005）『現代経済政策論』中央経済社。
- 大転換の中にある日本経済に求められる経済政策を明らかにした，学部1・2年生向けの経済政策の教科書である。

(2) 川野辺裕幸・中村まづる編著（2013）『テキストブック公共選択』勁草書房。
- 公共選択論の基礎や研究成果をわかりやすく説明した教科書である。

(3) 野尻武敏（1997）『第三の道——経済社会体制の方位』晃洋書房。
  ・ 経済政策思想について歴史的背景とともに詳しく説明した著書である。

第3章 社会政策論の基礎

 「社会問題」と社会政策

1-1 「社会問題」とは何か

　事故や事件，地震，台風といった自然災害から，国際社会における難民問題，領土・国境をめぐる問題など，社会全体に大きな影響をもたらす事件，問題は枚挙に暇がない。では，「社会問題」とは，これらの中でどのような問題を指すのだろうか。

　新聞やテレビ，インターネットのニュースサイトでは，さまざまな問題が報じられている。一般的に，物価や景気，株価，為替レートの動向は「経済問題」として，また，選挙や政治政党をめぐる変化は「政治問題」，領土問題や国際紛争，難民問題といった事柄は「国際問題」など，それぞれ取り扱われる内容に応じて分類されることが多い。そのため，社会問題といえば，「交通事故」「自殺」「犯罪」「虐待」などをイメージする人が多いかもしれない。しかし，交通事故や犯罪事件は，個々人がなんらかの原

因で引き起こす「個人の問題」である。また，家族，学校，職場の中で起こるさまざまな事件や事故は，それぞれの人間関係によって引き起こされる事件や不注意による事故である。それらの個別の事件，事故も「個人の問題」である。

ここではさしあたり，私たちが「社会問題」として取り上げる条件について，次の3点を整理しておこう。

第1に，その問題が社会全体にわたり広範に発生し，多くの人びとに解決すべき問題として認知されていること（広範性）。

第2に，当該の問題の原因が，経済社会の質的・構造的な要因や，なんらかの社会的力学から説明できること（社会的要因）。

第3に，政策的な介入によってなんらかの解決が可能との見通しがあることが挙げられることが前提となる（解決可能性）。もとより解決不可能と判断される困難，たとえば大規模な自然災害などについては「社会問題」とは認識されないのである。

これらの条件をふまえながら考えてみると，成熟した産業社会における，少子化（出生率の低下）による急速な「高齢社会化」と「人口減少の問題」は，ほとんどの先進諸国において共通に観察される「社会問題」である。同時に産業の空洞化と雇用の不安定化による影響で「働いても貧困状態が改善されない（ワーキング・プア）問題」も同じく経済社会の構造的問題として観察されている。とくに雇用と所得をめぐる問題は，2008年のリーマン・ショックを契機とする世界不況の中で，経済社会の秩序を土台から揺るがせる重大な問題になっている。

また，今日の日本では自殺率の高さ，誰にも看取られることなく死んでしまう「孤独死」，うつ病など精神的な病気に陥る人びとの増加，家庭での児童虐待，学校でのイジメ問題などは，「個

人の問題」であると同時に，今では社会全体に広がる「社会問題」として政策的介入が求められている。

さらに，地球全体の規模に及んできている「社会問題」もある。たとえば天然資源の枯渇，産業廃棄物による環境破壊，生態系の危機，地球温暖化といった問題のすべてが国際的な「社会問題」といえる。加えて，経済社会のグローバル化が加速度的に進展することと歩調を合わせて，国際紛争，領土問題，難民問題まで，地球規模のさまざまな「社会問題」も急速に拡大・深刻化してきていることも懸念される。

これら一連の問題はいずれも社会全体に観察される広範な問題であり，同時にその原因も経済社会の構造や力学に関係している。したがって「社会問題」としての3つの条件のうち，2つの条件にあてはまることがわかる。ただし，第3の「解決可能性」の見通しについては，ここで例示したどの問題にもまだ明快な対応策はない。少なくとも部分的な制度改革や一時的な財政出動といった対症療法で解決可能な問題ではない。それでもなんらかの解決の可能性への漠然とした期待があるからこそ，私たちはこれらの「社会問題」の解決に向けて取り組まねばならない。

1-2 「価値判断」と社会政策論

1873年，**社会政策学会**（独：Verein für Sozialpolitik）が結成された。ドイツの社会政策学会は，世界最初の社会科学系の学会であり，経済学の専門家だけでなく，法学，政治学，社会学など，社会科学に関するほとんどの学識者が集う場であった。そのため社会政策という学問領域は，当初から経済社会に関わるすべての「社会問題」を考える舞台として開かれてきた。

近代化・産業化は，経済社会の基本構造を急速に変化させてきた。農民は，賃金労働者として都市へ移住する。他方，工業製品の普及によって職人の仕事は減りながら，賃金労働者の生活も，景気の変動，技術進歩の波によって，絶えず失業の不安と低賃金に耐えなければならなくなった。これらの経済社会の構造変化に伴って生じてきた労働者階級，彼らの低賃金と生活不安をめぐる問題が，主要な「社会問題（独：Soziale Frage）」として認識されていた。

　19世紀末のドイツの社会政策学会では，ドイツ歴史学派のグスタフ・シュモラー（Gustav Schmoller）と彼の多くの弟子たちをはじめ，社会政策学会の会員の多くが，「科学の名において」労働者の保護・救済のための諸施策を国家に提唱し，資本主義を漸次的に改革する「社会改良主義」を唱えていた。ただし，資本制経済そのものを否定するのではなく，社会主義思想にも反対しながら，「社会改良」に関するさまざまな自説を展開していた。「社会問題」に対して，彼らは，倫理的要請に基づく解決策を求めていく。しかし，自由主義の陣営からは「大学の教壇に立ったまま社会主義を唱えている」との意味を込めて「**講壇社会主義者**」と揶揄されることとなった。

　社会政策は，「社会問題」を取り上げ，その原因と対策を研究する学問である。たしかに，実践にたずさわる場合「何をなすべきか」という「解決策」が期待される。しかし，科学においては「何をなすべきか」という問いかけに安易に結論を出すことは危険でもある。

　「何が正しいか」「いかにあるべきか」という判断は，人それぞれで異なる価値観に基づいている。特定の人びとの判断が，社会

全体に望ましい結果をもたらすとは限らないからである。

そして，20世紀初頭（1904～14年），社会政策の提唱に関わるそれぞれの価値観の違いをめぐって，**マックス・ヴェーバー**（Max Weber）とグスタフ・シュモラーとの間で，社会科学の研究方法に大きな影響を与える論争が巻き起こった。いわゆる「**価値判断論争**」（小論争）である。その後，マックス・ヴェーバーの議論をもとに，倫理的判断を含む「価値判断は，科学では扱うべきではない」との立場が一般化する。社会科学，社会政策における「**価値自由**（Wertfreiheit）」の意味を理解するうえで，彼の著作『社会科学と社会政策にかかわる認識の「客観性」』は，広く「客観性」論文と呼ばれ，今日も読み継がれている。

この論文の中で，ヴェーバーは「事実認識」（存在）と「何を成すべきか」（当為）の認識とを明確に区別することの重要性を訴えている。社会問題については，その「事実確認」と「原因の解明」を通じて，「（社会問題が）どのように生み出されているか」（生成）を認識することが，経験科学に与えられる役割である。しかし，次の段階として「何を成すべきか」（当為）を示すには，「**価値判断**」が伴うことになる。ヴェーバーによれば，ここで経験科学は，事実の認識にとどまるしかない，つまり「経験科学は，なんぴとにも，なにを な す べ き かを教えることはできず，ただ，かれがなにを な し う るか，また――事情によっては――何を 意 欲 し て い るか，を教えられるにすぎない」との主張である（M. ヴェーバー『社会科学と社会政策にかかわる認識の「客観性」』（邦訳1998年）35ページ）。

このヴェーバーの議論から「価値判断を排除する」ことが，社会科学のあらゆる舞台で要求されるようになった。しかし，ここ

で留意すべきことは,ヴェーバー自身は,同じ論文の中で,「**価値判断への自由**」についても論じていることである。彼は,科学的な討論から「価値判断を排除する」のではなく,むしろ,「認識と価値判断とを区別する能力,事実の真理を直視する科学の義務と,自分自身の理想を擁護する実践的義務とを〔双方を区別し,緊張関係に置きながら,ともに〕果たすこと,これこそ,われわれがいよいよ十分に習熟したいと欲することである」と書いている(M. ヴェーバー同上,43 ページ)。

ヴェーバーの「価値自由」の考えをふまえ,「社会学の理論」を土台としながら,社会政策論の体系化を目指す努力が開始された。その1つの頂点となったのが,ツヴィーディネック・ズイーデンホルスト(Zwiedineck-Südenhorst)の『社会政策論』(1911年)である。彼は,社会政策論を「社会集団間の利害対立の調整」という形で抽象化・一般化する。そのうえで,労働者階級だけの救済ではなく,経済社会のさまざまな社会集団の分化と,そこに発生する摩擦,利害対立,抗争を緩和・解消することを「社会政策の目的」または中心機能として捉えている。どの時代,どの地域の経済社会においてもさまざまな社会集団が形成される。ズイーデンホルストの社会政策論は,さまざまな社会集団の組織化と,集団間の関係構造と力学から経済社会を把握し,社会政策論を体系化する試みであった。この意味で,彼の社会政策論は,資本主義社会に限らず,あらゆる社会体制に適用可能な理論でもある。

ただし,20世紀初頭は,労働者が労働組合の組織化を通じて資本家と対抗する勢力にまで成長を遂げてきたため,社会政策の課題は,もっぱら労働者と資本家の2大階級間での行き過ぎた対立や抗争を緩和し,経済社会の秩序を維持・存続させることにお

かれていた。そして，当時のドイツ社会政策論は，後に「古典的社会政策論」と称されるようになる。

社会保険の成立と普及

2-1 ビスマルクの社会保険3部作

1871年，ドイツ帝国の統一に貢献したプロイセンの宰相，ビスマルク（Otto von Bismarck）は，「**飴と鞭の政策**」でもよく知られている。ただ，ビスマルクの「鞭の政策」（1878年：社会主義者鎮圧法）は，まったくの失敗に終わり，かえって社会秩序の混乱を助長する結果となった。他方，労働者階級の貧困対策と，階級対立を宥和するためにとった「飴の政策」が「社会保険3部作」である。「社会保険」は「強制加入の保険」であることに意味があり，その後，近代産業社会における社会保障制度の主軸として世界的に普及していく。

1883年，まず，「**疾病保険法**」が公布され，翌年から実施される。これは労働者3分の2，雇主3分の1の費用負担のもとに疾病金庫を設置し，疾病によって収入の途絶えた労働者に無料の医療と薬剤を提供し，生活のための「**疾病手当**」を支給するものであった。この議会審議の過程で問題となったのは，疾病金庫の組織と管理運営である。

ビスマルクは，政府が保険機関やその財政に介入できることを望んだが，疾病保険の場合，1840年代以降設立された共済組合（任意加入と強制加入の2種類があった）によって運営されていた疾病金庫（農業組合金庫，労働組合金庫，抗夫共済金庫，地方疾病金庫な

ど）の存在の壁は厚く，結局，疾病金庫は，労働者側と雇主側から費用負担の割合に応じて選出された代表者からなる理事会によって管理運営されることとなった。ビスマルクの当初の意図は曲げられたが，当時各地に存在していた多種多様な共済制度を全国的に統一し，法的強制力を付与したところにビスマルク社会保険の貢献があったのである。

疾病保険が比較的順調に成立したことに続いて，1884年には「**災害保険法**」が公布され，翌年から実施される。労働者や国庫による費用負担のない「雇主全額負担制」となり，管理運営も労災共済組合保険（産業別の雇主連合体）にゆだねられ，政府は組合業務の監督にあたるにとどまった。これによって，労働災害に対する雇主の全面的責任の原則に基づく社会保険が確立された。

最後に1889年，「**廃疾・老齢保険法**」が制定され，1891年から実施されたことにより，いわゆる「**ビスマルク社会保険3部作**」が完成する。この「廃疾・老齢保険法」は，すべての業種で16歳以上の労働者（および下級職員）を強制加入させ，70歳に達した労働者に対する**老齢年金**と，労働不能に陥った労働者に対する**廃疾年金**を準備したものであった。前の2つの保険立法とは異なり国庫補助が採用され，残りの費用部分を雇主と労働者が折半で負担することになった。政府は，廃疾・老齢保険への国庫補助によってはじめて，保険制度の管理運営への政策介入が認められたことになる。

以上のようにドイツの社会保険は，ビスマルクの卓越した政治的指導力によって成立をみることになった。しかし，その具体的内容は，ビスマルクが独創的に考え出したわけではなく，従来から存在していた「前近代的」な相互援助組織に法的基礎を与えた

もの，つまり，中世以来の自助的な共済組合の伝統を，国家の援助によって維持・発展させたものである。ここに雇主の負担が持ち込まれたのも，徒弟の労働や生活に対する「親方（マイスター）」の家父長的責任という，中世ギルドの伝統からきたものと解釈すべきである。

そして，このような「相互扶助」「連帯性」の考え方は，近代的な個人主義，自由主義の思想とは相容れないだけでなく，当時の社会主義の理論から生まれたものでもない。つまり，「個人の自由」と「社会的な平等」という近代的発想からは，ドイツの組合方式による自主管理は成立しなかった。むしろ，近代産業社会の原理とは異なる中世以来の価値観と同職人組合の運営方式とが生かされたと理解すべきであろう。

社会保険制度が定着するにつれて，労働者階級や社会主義者も，社会保険が労働者に真の利益をもたらすものであることを徐々に認識するようになる。彼らは，社会保険の改善に積極的に取り組むとともに，労働者側の代表としてその管理運営にも自主的に参加していくことになる。

2-2 ドイツにおける社会保険の拡充

20世紀に入り，ドイツにおける社会保険拡充の動きは，ベートマン・ホルヴェーク（Bethmann Hollweg）が引き継ぎ，1911年の「**全国保険法**」（Reichsversicherungsordnung）の成立をみる。全国保険法は，それまでのビスマルク時代の3つの社会保険法の改正を受けて，給付内容を改善したうえでそれらを一本化したものであった。さらに，1919年以降のワイマール時代に入ると連立政権ながらも社会民主党が政権を握ったことにより，社会保険もい

ちじるしく拡充され，社会保険に関連した法規の整備が進められるとともに給付内容も一層改善されていったのである。

社会保険の拡充傾向は次の2つの面から捉えることができる。

第1に，社会保険の適用対象となる生活上のリスク（社会的事故や負担）の範囲が拡大していった。全国保険法における「遺族扶助料制度」の採用，1927年の「**失業保険法**」の制定，1930年の法改正によってそれまで任意加入の方法で行われていた「**家族に対する疾病給付**」が法定給付になった。そして，労働者本人の疾病，労災，老齢・廃疾を対象としてスタートしたドイツの社会保険は，「遺族，失業，家族成員の疾病，出産」などもカバーするようになった。

第2の拡充傾向は，社会保険の適用人口の拡大にみることができる。

第1に，災害保険の強制適用者は，当初は危険度が高い鉱工業や建設業などの部門に限られていたが，農林業や海運業の被用者へと徐々に拡大されていく。1900年の法改正では，災害保険を担う新たな同業者組合の設立に関する規定を盛り込んだ。

第2に，疾病保険についても，1903年の法改正によって徒弟や家事奉公人など工業労働者以外の下層労働者にまで拡大され，さらに全国保険法（1911年）によって農村労働者を含むすべての労働者，および一定所得以下のすべての職員（Angestellte）へと拡大された。

第3に，老齢・廃疾年金の強制被保険者も同様に，当初は16歳以上で年収2000マルク以下の労働者に限定されていたが，1899年の法改正によりすべての労働者と一定所得以下の職員へと拡大された。そして1911年には職員保険法が制定され，事務

系・技術系の職員のための独立した年金制度が制定された。同年すでに制定されていた全国保険法とこの法律をあわせて，ドイツ社会保険はそれ以降も被用者以外の国民へと拡大していく。これらに対して手工業者，小規模自営業者への社会保険の強制加入は若干遅れるが，1938年の手工業老齢扶養法の制定によって，自営業者に対する年金保険にもはじめて公的な強制保険が採用された。これを出発点としてドイツ社会保険は，自営農民や自由業者などその他の中間層へも拡大され，ほぼすべての国民を被保険者とするまで拡大していく。

社会保険は，新しい社会階級である労働者階級を体制に取り込むために導入されたが，その成果を受けて「社会問題とは何か」，それはどのように解決されるべきかに関する新しい議論が生まれてきた。その中で不安定な生活におかれているのは労働者階級に限らず，むしろ近代産業の発達に取り残されていた人びとの生活も，貧困と傷病のリスクにさらされていることが明らかになってきたのである。

従来，貧困は「個人の責任問題」と見られてきたが，資本主義の発展による経済社会の構造変化によって，貧困から無縁とはいえない人びとがますます増加してきたことが社会保険の拡大の要因であり，これを「社会的リスク」として認識することから，社会保険の拡充が根拠づけられる。

2–3 イギリス国民保険の成立

ドイツで生まれた社会保険制度は，19世紀末から20世紀初頭にかけてヨーロッパ全土に急速に普及していく。もっとも，その形態と内容は，それぞれの国によって異なっている。その典型的

な事例が，イギリスである。

　イギリスでも，19世紀後半に入って労働運動は大きな影響力を持っていたが，そうした中で労働者の生活安定に大きな役割を果たしていたのが，「**友愛組合**（Friendly Society）」という自主的な相互扶助組織であった。これは，ドイツと同様に中世のギルド職人の間にあった共済組織に由来するものであるが，イギリスでは労働組合による団結が禁止されていた時代に，闘争を行わない労働者組織として認められ，1793年のローズ法以来，法的保護が進められたことによって発展した。

　友愛組合は，ドイツにあった職域別の共済組合と違って地域的色彩の強いものであったが，なかには広範な地域にまたがって数十万人の組合員を持つ巨大な友愛組織もあった。友愛組合に一定額の保険料を拠出できる労働者は，「死亡，疾病，不慮の災害」などの際に一定額の給付を保障される。友愛組合に加入できるものは比較的賃金の高い労働者に限られていたが，当時のイギリスにおいては，ドイツで社会保険が実現されていく過程を，労働者も政府官僚も冷ややかな目でながめていたのである。

　1897年には，ドイツと同様に労働者災害補償法が成立をみたが，イギリスは社会保険の分野では遅れをとっていた。友愛組合もまた，自らの存立の基盤を失うことを恐れて，長い間国家の強制保険に反対してきた。しかし，19世紀の末には，ドイツやアメリカなどの近代化・産業化の追い上げによって，イギリス経済にかげりが見え始め，友愛組合に加入することのできないような下層労働者の生活は経済不況の中で貧困を極めていた。

　「**新救貧法**」（1834年）では，その費用をまかなうことができないほど貧民救助を受ける人びとの数が増大する一方で，高齢者の

増加と年金に代わる疾病手当の支払いによって，友愛組合の多くも財政的困難に直面していった。

こうした状況のもとで1905年に誕生した自由党内閣は，自由主義の枠内での社会改革を基本方針として掲げ，1906年には労働争議法を制定してストライキ権を認め，1908年には無拠出制の「**老齢年金法**」を成立させた。

老齢年金法が成立した直後に蔵相に就任したロイド・ジョージ (Lloyd George) は，ドイツからヒントを得て包括的な拠出制の社会保険計画を準備した。この法案の内容が明らかにされると，それに対して保守党，労働組合，各種の利益団体（医師団体など）から強い反発が生じたが，ロイド・ジョージの主導のもとで数多くの修正がなされた後，1911年，「**国民保険法**（National Insurance Act）」として成立し，翌年7月から実施される。

イギリスの「国民保険法」は，「疾病保険」ならびに「失業保険」という2つの部分から構成されている。疾病保険は，16歳から70歳までの全労働者および年収160ポンド以下の職員に加入を強制し，男子は週4ペンス，女子は週3ペンスといったそれぞれ一律の保険料を拠出することによって被保険者本人の傷病に対する医療を保障し，一律の疾病手当（傷病による休職中の所得保障）や出産手当を給付するものであった。

もっともこの疾病保険は，ドイツの制度に習いながらも，それに対抗してイギリス独自の方式を打ち出そうとしたロイド・ジョージの意図を反映して，ドイツのそれとは大きく異なるものとなっている。

第1に，ドイツの疾病保険の場合，基準賃金の一定率（3〜4%）の拠出を行い，その賃金に応じて「疾病手当の給付額」が定まる

という所得比例制であった。しかし、イギリスでは「**均一拠出・均一給付**」によって、できるだけ多くの労働者に**最低限度の保障**を行うという方式がとられた。このことは、そもそも国民保険法が下層労働者にも強制的に拡大する意味を持っていたことからきたものであるが、その反面、最低限以上の保障については、労働者自身によるできる限りの自助努力を求めていくという、自由党による社会改革の立場がはっきり示されていたのである。

第2に、当初、ロイド・ジョージは、制度の管理運営について自主管理の原則を強調し、労働者に対してどの保険組合に加入するかの選択の自由を与えた。しかし、これは保険組合の間で加入者の獲得競争を助長し、組合間格差を引き起こし、なかには財政基盤を危うくする組合も現れた。その結果、国家管理が強化され、自主管理の原則は形骸化し、イギリスの疾病保険は、実質的には、国家によってすべての労働者に最低限度の医療保障を行う保険制度となっていったのである。ドイツで、職域を中心とした自主管理体制が法制化されるまでに発展したのとは対照的である。

第3に、イギリスの「国民保険法」は、世界ではじめて、失業者問題に社会保険を適用した。この「失業保険」は、建築、土木、造船、機械、製鉄、車両製造、製材という7つの産業部門の労働者を強制被保険者とし、労働者と雇主はそれぞれ週2.5ペンスの一律の保険料を拠出し、加えて国庫がその合計額の3分の1を負担することによって、一定額の失業手当を給付するものであった。ここでも「均一拠出・均一給付」による最低限保障の原則は貫かれ、また大幅な国庫負担が導入されたこともあって、「失業保険」も「疾病保険」と同様に、国家的な保険制度となったのである。

以上のように社会保険は、19世紀末から20世紀初頭にかけて

ドイツとイギリスを中心に，労働者階級の貧困という「社会問題」に対する政策的対応として誕生した。

イギリスにおいては，ドイツに遅れをとりながらも，1911年の国民保険法によって，他のヨーロッパ諸国で展開していた社会保険立法の仲間入りを果たすとともに，世界ではじめての「失業保険」の成立と，社会保険制度に「**平等主義**」（均一拠出・均一給付）という新機軸を導入した。

こうして両国の社会保険は，疾病，労災，老齢・廃疾に対応するという点で，多くの共通性を持ちながらも，その制度運営方式においては，組合による自主管理と国家による行政管理，また，保険料拠出を応能負担とするか，均一拠出とするかという点でも対照的な制度を形成した。このことは，その後の社会保険を柱とする社会保障の展開，福祉国家体制のあり方にまで受け継がれていくのである。

2-4 西欧諸国における社会保険の普及

20世紀初頭には，労働者階級も，社会保険が彼らにとって生活の安定をもたらすものであることを認識し，その拡充を要求し始める。そして，これとともに，ドイツで誕生した社会保険は国境を越えてヨーロッパ各国へ普及していった。

1886年にはイタリア，1888年にはオーストリアが疾病保険を導入し，1890年代にはベルギー，デンマーク，フランス，ハンガリーなどの国々が，それぞれはじめて社会保険の採用を実現した。20世紀に入ると，1901年にはスウェーデンとオランダが災害保険を，1909年にはノルウェーが疾病保険を，1910年にはフランス，1913年にはスウェーデンとオランダが年金保険を導入

し，社会保険を採用する国はしだいにその数を増やしていった。

1914年，第一次世界大戦がはじまると，社会保険の前進も停滞を余儀なくされたが，大戦が終わるとともに，社会保険は各国において著しい発展をみせた。失業者問題が一層深刻さを増す中で，イギリスでは1920年に新たな「失業保険法」が制定され，その適用範囲が16歳から65歳までのすべての労働者および年収250ポンド以下の職員へと拡大されていった。

また，年金保険についても，1924年にはベルギー，1927年にはデンマークとオーストリアが採用している。そして，イギリスでは1925年，寡婦・孤児・老齢拠出年金法によって，従来の無拠出制の老齢年金に加えて，拠出制の老齢年金が組み入れられた。

以上のような社会保険の国際的普及に拍車をかけたのは，1919年の**国際労働機関**（ILO）の設立とその活動による影響である。ILOは，国際連盟の下部組織として結成された当初から，労働条件を国際的に調整し，労働者問題に対する産業負担を後発工業国にも同等に課すことを推奨している。これには，国際的競争力を維持しようとするイギリスなど先進諸国の要請が強く働いていたこともあるが，ILOの設立の理念には，労働条件の改善による労働者福祉の向上というヒューマニズムの目標が明確に掲げられており，結果的にも社会保険の世界的発展に大きく貢献している。

1919年の第1回総会では，まず，「**失業に関する勧告**」が採択され，その中に「失業保険」の実現が盛り込まれた。この後，イタリア（1919年），オーストリア（1920年），スイス（1924年）が，それぞれ失業保険を採用した。そして，1925年の第7回総会では，社会保険の統一に関する決議が行われている。

こうして社会保険は，両大戦間期に西欧諸国を中心として黄金

時代をむかえた。19世紀の「社会問題」を全面的に解決したわけではないが，社会保険の諸制度を通じてヨーロッパ諸国は，それぞれの政治的前提が異なっていたにもかかわらず，原理的に非常に似通った方法で，近代化・産業化による「社会問題」への対応を始めることになった。

3 社会政策と社会保障

3-1 国民的な視点に立つ社会保障の登場

第二次世界大戦の前後で社会政策論は大きな変化の波を体験する。1929年の世界大恐慌と第二次世界大戦の経験を通じて，「社会問題」は貧しい労働者階級だけの問題ではなくなった。とくに世界恐慌のような大規模な景気変動はすべての国民を巻き込み，その被害は階級や特定の所得階層にとどまらない。産業労働者のみならず農民，職人，専門的な技術者もその惨禍に見舞われ，子どもや高齢者，病床人や障がい者の生活はより過酷な状況へと追い込まれてしまうのである。

「社会保障」という言葉が，最初に用いられたのは，世界大恐慌に苦しむアメリカ合衆国であったことはよく知られている。1929年に株式相場の暴落でもってはじまった大恐慌は，瞬く間に世界中に波及していった。世界中で企業の倒産が相次ぎ，大量の失業者を生みだし，人びとの生活不安は大きな社会問題となった。1933年大統領に就任したルーズベルトは，この深刻な経済社会問題に対処するために，ゲーム用カードの配り直しを意味する**ニューディール政策**に着手した。このニューディールの一環と

して，生活困窮者の経済的保障の具体策を検討する経済保障委員会が1934年に設立される。この委員会の作成になる「経済保障法案」が議会に提出され，審議される過程で名称を変更され1935年8月「**社会保障法**」(Social Security Act) として成立した。これが世界で最初に社会保障の名を付した法律の誕生である。

この世界最初の社会保障法は，内容について見る限り従来各国で実施されてきた個々の生活保障施策の範囲を超えるものではなく，ただ単に名称として新しい概念を登場・普及させたにとどまった。大恐慌のさなかで社会問題に対処しなければならないという緊急事態から誕生したものであるとともに，何よりもアメリカは自由と競争経済に最大の信頼をおいている。今日に至るまでアメリカは自由主義の最後の担い手として自認しており，ある意味で社会保障に対して最も消極的な態度を取り続けているのである。

3-2 ベヴァリジ報告と社会保障

以上のような動きを背景にして，社会保障という新しい概念が戦後の世界において市民権を獲得する。そのとき最も重要な貢献をしたのは，やはり**ベヴァリジ** (William Henry Beveridge) であった。1942年チャーチルを首班とする戦時挙国一致内閣の委託を受けてベヴァリジが単独責任において発表した報告書『社会保険および関連サービス』は，イギリスのみならずその後の世界の社会保障の展開に決定的ともいえる影響を与えた。この報告書はイギリス国民の圧倒的支持を受け，戦後になってほとんどそのまま実現され，いわゆるイギリス・北欧型と呼ばれる社会保障の1つのモデルを確立したのである。

この報告書でベヴァリジが目指したものは，なによりもすべて

の国民を貧困から解放することであり，そのための**最低生活（ナショナル・ミニマム）**の保障であった。そして，これを実現するために計画されたのが，「社会保障計画」である。この計画は，所得保障中心に設計されており，その基軸をなすものとして，「基本的なニーズに対する社会保険」「特別なケースに対する国民扶助（公的扶助にあたる）」が柱となり，個人の加入する「任意保険」は，社会保険を超えるニーズを満たすべきものと位置づけられている。それゆえに社会保障構想では，社会保険に中心的役割を与え，社会保険の網の目から抜け落ちてしまうような人びとだけに国民扶助を準備し，すべての国民に最低生活を保障する「普遍主義の原則」が掲げられていた。これをベヴァリジは「社会保険の原則」として示している。それは，(1)均一額の最低生活費の給付，(2)均一額の保険料拠出，(3)統一的行政，(4)給付水準の適正化，(5)適用範囲および事故の包括性，(6)被保険者の適切な分類の6項目からなる。

これらの「原則」の中心をなすものが，「均一給付，均一拠出」による最低生活の保障である。そこでは，同じ時代の同様な状況におかれている人びとにおいては，最低生活水準は同額のはずであり，給付が同額ならば拠出も同額であるべきという「平等主義の原則」が貫かれている。そしてこの平等主義は，あくまでナショナル・ミニマムに関するものに限られ，これを超えるニーズは各個人の自由な配慮にゆだねられるべきだという自由主義的思想と深く結びついている。このようにベヴァリジは，自己責任の原則をおかさない限りで最低限度の生活のみを公的に保障し，それ以上のものは各人の自助努力にまかせることが，社会保障によって「自由－自己責任」と社会的公正の両原則を調和させる最善の

道だと考えたのである。

4 福祉国家体制の構築と「新しい社会問題」

4-1 福祉国家体制とネオ・コーポラティズム

　福祉国家（Welfare State）という言葉も、イギリスよって唱えられ普及した。第二次世界大戦後、西側先進諸国は「福祉国家体制」の構築を目指してきた。国家の市場経済への積極的な介入による、(1)完全雇用と、(2)高い経済成長率の実現を土台に、(3)社会保険、社会福祉を柱とする社会保障の拡充を推進してきた。そこでは、市場経済における貢献原則に基づく社会問題、つまり市場経済に貢献できない人びと（幼児, 障がい者, 病床人, 失業者, 高齢者）が分配から排除される「市場の失敗」に対して、社会保障による再分配政策を通じて対応することで、すべてがうまくいくと期待されていた。

　しかし、1973年、79年の2度の石油ショックを機に、高度経済成長は行き詰まる。日本政府は、ちょうど1973年「**福祉元年**」を宣言し、老人医療費支給制度によって高齢者の医療費の自己負担分を全額国庫で負担し始めていた。その後、今日に至るまで、急激に増加する高齢者の「社会的入院」問題をはじめ、高齢者の医療、福祉への給付が、社会保障をめぐる大きな財政負担となっている。政府による介入は、社会保障に限らず、公共部門全体の肥大をもたらし、同じ時期に、福祉国家の財政問題は、「政府の失敗」として西側先進諸国に共通の問題となってきた。

　「市場の失敗」に対応するための国家による介入がなぜ「政府

の失敗」を導いてきたのかという問題は，第2章3節で説明されている**多元社会**の力学が大きな構造要因である。多数の利益団体が，国家財政の分配を求めること，そこに官僚，政治家と利益団体の相互の利益戦略が展開することで，公共部門，わけても社会保障関連の予算が膨張し続けている。多元社会の力学は，経済成長が実現できていた時期には，社会保障の拡充を促し，福祉国家体制を実現してきたともいえるが，同時に，慢性的な赤字財政が深刻化し続ける構造を生み出す政策決定のプロセスを常態化させている関係である。つまり，具体的な予算配分に関わる法整備，審議事項は，行政官僚と巨大な利益団体の代表者による各種の審議会で形作られ，国会や地方議会はこれを追認せざるをえない格好になる。こうした政策決定プロセスは，「議会の空洞化」をもたらす，**ネオ・コーポラティズム**として問題視されてきた。

4-2 社会保障の財・サービスの性質と費用爆発

社会保障の対象となる財・サービスの多くは，就労，日常生活におけるさまざまなリスクに対応するためのものである。年金，医療，介護，障がい等，どの課題についても，「誰が，いつ，どの程度の支援が必要となるか」を正確に予測することは不可能である。疾病，怪我による後遺症によって，障害に至る可能性もある。また，老後に必要な生活資金の総額を蓄えることも容易ではない。これらのすべては将来における予測不可能な課題であり「**将来財**」と定義される。

まず，年金保険であるが，年金支給に必要な財源調達の方法は，「**積立方式**」と「**賦課方式**」に大別される。積立方式では，同一世代の人びとが積み立てた基金を分配することになる。つまり，

ある世代が将来に必要となる年金支給総額を算定し、その額に見合った保険料を徴収し、積立運用する方法である。しかし、物価や金利の変動まで予測することは困難であるため、積立方式は、老後の生活保障を十分に提供できるものではない。それゆえに、ほとんどの先進諸国で、現役世代の年金保険加入者が、現時点の年金給付を負担する「賦課方式」が採用されている。しかし、この方式は、現役世代から老後世代への所得移転が強制される「世代間契約」を前提としている。そして、今の現役世代は、さらに次の世代が自らの老後保障を担ってくれるとの暗黙裡の「契約」を期待することになる。しかし、人口減少が避けられない限り、この期待に応えられる次世代は存在しなくなるのである。

年金だけでなく、医療、介護への保障も「将来財」としての不確実性の問題と直面している。さらに、医療の場合、新薬の開発をはじめ、医療技術の進歩によって、医療費全体が膨張していく問題を避けて通ることはできない。イギリスでは、「医療は社会保障の前提」と位置づけられている。医療については、常に必要な治療を受けられる、できる限りの「最適な条件」が求められ、ナショナル・ミニマムの原則は適用できないからである。このため医療技術の進歩は、ほぼそのまま医療費の膨張につながることになる。

また、医療も介護も、「人的サービス」に基づいている。医師と患者、介護士と要介護者が実際に向き合うコミュニケーションが必要であるため、貯蔵や輸送が困難であることから、地理的条件を配慮した供給体制が求められる。社会全体に必要とされる医療機関、医療設備を整備するだけでなく、医師、看護師、検査技師、薬剤師、介護士を養成するためには、それぞれに専門教育機

関が必要であり，教育訓練には一定期間を要する。さらに，災害時における緊急医療体制，救急医療を含めて，一定の余剰設備や人員を確保しなければならない。したがって，社会全体の長期的計画に基づいて供給体制を整えていく必要がある。

4-3 「新しい社会問題」

社会保障制度は，そこで対象となるさまざまな財・サービスの性質に起因する費用の増大，さらには超高齢社会を迎えたことで，介護保険の創設と拡充に加え，利益団体による要求圧力が政策決定に多大な影響を及ぼすことで，財政支出を膨張させてきた。

その結果，財政赤字の際限のない累積は，将来の国民が負担する租税・社会保険料をさらに引き上げることにつながる。社会保障を通じた再分配がこれほどまでに大きくなっている一方で，その財政から提供される「給付・サービス」は，本当に「必要とする人びとに届いているのだろうか」。

1974年と75年，ドイツ，キリスト教民主同盟（CDU）の国会議員ガイスラー（H. Geißler）による2つの報告書が国民に衝撃的な事実を示した。そこで示された「新しい社会問題」とは，社会保障の費用爆発にもかかわらず「隠れた貧困層」が増大しているという問題である。

ガイスラーの報告を受けて，同じくCDUの国会議員ビーデンコップ（K. H. Biedenkopf）の主導により作成された，CDUの中期政策構想「マンハイム宣言」では，「新しい社会問題」の原因として，「利益団体に組織された利害と組織されざる利害」「少数者と多数者」「都市と農村」の間の抗争が指摘された。

利益団体は，建て前では社会全体の福祉の向上を掲げるが，本

質的には，自分たちの利益の実現を優先する。その力学には，政治家，官僚も巻き込まれている。巨大な利益団体は，資金力，情報力をもって集票力を行使し，予算配分において自己利益を実現するが，そもそも利益団体に組織されない人びと，また，資金力に乏しく，集票力も弱い団体は，政策決定において影響力は小さく，租税と社会保険料の負担の前に屈服させられている。

21世紀に入ってなお，ごく一部の豊かな者と多数の貧しい人びとに「格差」が広がり，若年労働者の貧困問題，結婚できない若い世代，少子化による人口減少，子育てに専念できない家庭での児童虐待，そして，「子どもの貧困」，これら一連の問題は，「新しい社会問題」の広がりと深刻さを示している。

4-4 福祉社会の展開

福祉国家体制における「新しい社会問題」に対して，地域コミュニティに社会的な機能の回復と新しい展開を期待する構想が「福祉社会論」である。福祉社会論をめぐる議論は，1976年，イギリスのロブソン（W. Robson）による著書『福祉国家と福祉社会』（邦訳1980年）によって世界的に普及してきた。また，デンマークやスウェーデンで提唱されてきた，「ノーマライゼーション」の理念も，障がいのある要介護者が，地域の中で社会参加を果たすことができる福祉社会を描いている。

福祉社会を提唱する議論には，福祉国家体制の硬直化を厳しく批判し，これに代わる新たなシステムとしての福祉社会を標榜する立場もあった。しかし，野尻武敏の**「三元秩序構想」**に代表されるように（野尻, 1997），福祉国家体制を否定するのではなく，福祉社会は，市場システムと行政システムに並んで，コミュニテ

ィの役割を強化する,三層秩序として構想することが広く受け入れられてきたと言えよう。

また,「福祉多元論」も,イギリスで福祉国家の代替案として提唱されてきた概念である。非営利組織をはじめとするインフォーマルな組織といった多様な社会集団が,地域コミュニティにおける新たな福祉供給主体として市民権を獲得するまでに成長している。その多くは,市場と行政の間に立って,個人の自己責任と行政による公的給付のいずれかに偏るのではない,「共助」を中心とした社会関係を育み始めている。

[藤岡 秀英]

  練習問題

3-1 具体的事例を使って「社会問題」の3つの条件を説明しなさい。

3-2 若年者の雇用の不安定性,低所得問題への対応策について「価値判断」がどのように関わってくるかを具体的に説明しなさい。

3-3 社会保障制度を持続するための条件を説明しなさい。

3-4 福祉社会を実現するための課題は何かを説明しなさい。

  文献ガイド

(1) 足立正樹編著(2013)『現代の経済社会と福祉社会の展望』高菅出版。
 - 近代の経済社会の特徴が歴史的・体系的に論じられ,福祉国家体制の構築から福祉社会の展望までの理論的な文脈を理解できる,学部2,3年生向けの教科書。
(2) 足立正樹(2006)『高齢社会と福祉社会』高菅出版。

- 少子・高齢社会と社会保障の問題をわかりやすく解説し，介護保障の課題，労働時間の短縮と自由時間の活用といった身近なテーマを考えるヒントを提供する，学部1, 2年生向けのテキスト。

(3) 足立正樹著（1995）『現代ドイツの社会保障』法律文化社。
- 社会政策から社会保障への転回，とくに第3章「補完性原則と社会保障」はヨーロッパにおける考え方を理解するうえで必読の専門書である。

第4章 マクロ経済政策の基礎

1 はじめに
持続的で安定した経済成長を達成するには？

ミクロ経済学では，家計や企業などの各経済主体の行動を分析し，個別の財の取引量や価格に注目するが，マクロ経済学では，国や都道府県のレベルで集計化された経済変数に注目する。たとえば，**国内総生産（GDP）**という経済変数があるが，GDPとは，「ある一定の期間内に，国内で生産され，新たに付け加えられた価値の合計」であり，国レベルで集計化された経済変数であることがわかる。また，物価水準とは，「財の価格を取引量によって重みづけをしたうえで合計したもの」であり，これも集計化された経済変数である。マクロ経済学は，GDPや物価水準のような集計化された経済変数の間の相互関係を明らかにする学問であり，マクロ経済政策では，これらの集計化された経済変数をいかにして望ましい値にコントロールするかについての議論が行われる。

集計化された経済変数をいかなる値にコントロールするのが望

ましいかは，個人の価値判断によることであるが，多くの人は生活水準の向上や，安定した社会生活を望むだろう。マクロ経済学では，GDP が国民の生活水準を測る1つの指標として用いられる。GDP が国民の生活水準ないし豊かさの指標として適当であるかどうかについてはさまざまな意見があるが，国民に豊かな生活をもたらすための社会保障政策等を含むさまざまな政策を考えるにしても，まずはその財源を確保することが必要であり，そのためには GDP の拡大が必要と考えられる。そこで，ひとまず GDP を豊かさの指標とすることにしよう。このとき，マクロ経済政策の目的の1つは，GDP を安定的に拡大させることとなる。

GDP の縮小（不況）が生じると経済全体での雇用（総雇用）を維持できなくなり，失業が発生する。GDP の安定的な拡大は，十分な量の総雇用を安定的に確保することにもつながる。また，物価水準の安定もマクロ経済政策の目的の1つである。物価水準が不安定であれば，モノの値段がコロコロと変わることになって，社会は混乱してしまうだろう。

以上より，マクロ経済政策の目的は，GDP の持続的かつ安定した成長，ないし十分な総雇用の確保と物価水準の安定となる。

短期のマクロ経済政策
安定化政策

短期的には，いかにマクロ経済政策を駆使しようとも，達成できる GDP の水準には限界がある。現在，経済に存在している生産設備や資源，労働者などの**生産要素**を全部うまく使って生産できる水準以上に生産することはできないからである。しかし，生

産要素の量が変化したり，技術が進歩したりすることで，さらに多くの生産が可能となる長期では話が違ってくる。したがって，マクロ経済政策を議論するにあたっては，このような**短期**と**長期**とを区別して議論するのがよいだろう。

ここで短期と長期というのは，想定する時間の長さで区別されるのではなく，むしろ，資本蓄積による生産設備の増加，人口増加による労働量の増加，技術の進歩等が生じることが想定されているかどうかで区別されることに注意しよう。長期が具体的に何年以上を指すのかが決まっているわけではない。生産要素量の変化や技術進歩の役割が経済にとって重要と考えられる期間について議論するとき，私たちは長期的に考えるのである。

景気循環という言葉で知られるように，短期的に見れば，集計化されたさまざまな経済変数は循環的な変動を繰り返す。競争市場は，需要と供給とを調整し，均衡において最適な資源配分を達成する優れたメカニズムではあるけれども，その調整は事後的に行われるために必然的にある程度の調整期間を要する。したがって，一時的な不均衡と均衡を回復するための移行過程としての景気循環を避けることはできない。しかし，このような経済の本質的な不安定性は，安定した社会生活という私たちの望みに反しているため，変動を避けることはできないにしても，その振れ幅をできるだけ小さくするための政策が求められる。

短期のマクロ経済政策は，集計化された経済変数の変動幅をできるだけ小さくしようとする**安定化政策**にその主眼を置く。一方，長期のマクロ経済政策は，集計化された経済変数を持続的に成長させようとする**成長政策**にその主眼を置く。

本章の2〜4節ではまず，生産要素量の変化や技術進歩の影響

がない短期を考える。マクロ経済政策の目的は，GDP の持続的かつ安定的な成長，ないし十分な総雇用の確保，あるいは物価水準の安定にあるが，すでに述べたように，短期的に達成できる GDP の水準には限界がある。この限界は，現在，経済に存在する生産要素（資本設備や労働者）をすべてうまく使って達成できる水準として規定される。これを**潜在 GDP**と呼ぶ。潜在 GDP とは，生産要素がすべて正常に稼働していると仮定したもとで達成可能な GDP の水準であり，一国の潜在的な最大供給能力を表す。

実際の GDP が潜在 GDP を下回るとき，稼働していない資本設備が存在し，働きたいのに働くことができない労働者（失業者）が存在する。企業はなぜ失業中の労働者を雇用し，稼働していない資本設備を動かそうとはしないのだろうか。その理由は，今は生産しても売れないと企業が考えているからである。つまり生産物市場における需要が十分ではなく，潜在的な供給能力を需要が下回っているからである。このような，モノを作っても売れないという状況では，企業は価格を下げることによって販売量を確保しようとするから，物価水準は低下していく。実際の GDP が潜在 GDP を下回るときには，物価水準が低下する**デフレーション**が生じる。このことから，実際の GDP が潜在 GDP を下回る状況は**デフレギャップ**と呼ばれている。

図 4-1 は日本の潜在 GDP と実際の GDP（実質 GDP）の推移を表す。2008 年のリーマン・ショック以降，ほとんどの期間で実際の GDP は潜在 GDP を下回っている。この期間の日本では潜在的な供給能力を需要が下回るデフレギャップが生じていることがわかる。実質 GDP の変動幅に対して潜在 GDP の変動幅は小さい。このことは，供給能力が需要ほど大きくは変動しないこ

図 4-1 潜在 GDP と実際の GDP とのギャップ

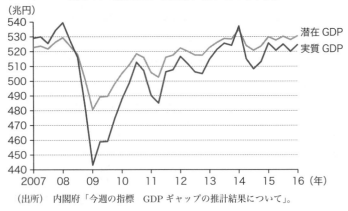

(出所) 内閣府「今週の指標 GDP ギャップの推計結果について」。

とを表す。しかし，2011 年の東日本大震災では，震災とそれに続く津波の被害によって供給能力も比較的大きく減少している。

マクロ経済政策を担う政府や中央銀行は，失業を減らすため，また物価水準の低下を防ぐために，実際の GDP を潜在 GDP に近づけること，すなわちデフレギャップを解消することを目的として，短期のマクロ経済政策を行う。

3 財 政 政 策

実際の GDP が潜在 GDP を下回るデフレギャップが生じている状態を考えよう。これは財市場において，潜在的な供給能力に比べて需要が十分ではない状態である。このとき政府は，政府の予算を使って財市場で財を購入することで，財市場に需要を直接的に注入することができる。このように政府が GDP の拡大をね

らって政府支出を増加させる政策を**財政政策**という。

3-1 財政政策はGDPを拡大させ利子率を上昇させる

　財政政策では政府が財市場に直接的に需要を注入することでGDPを拡大させる。一方で，財政政策は一般に**利子率**を上昇させる効果を持つ。財政政策により，経済活動が活発化すると，経済主体は取引のために，また近い将来発生しうる取引に備えるために，貨幣を手元に置こうとする。したがって，彼らから貨幣を借りる（手放させる）にはより高い利子を支払う必要がある。利子率はこのように，手元に貨幣があり，すぐに使える状態であることの価値と考えることができる。

　財政政策による利子率の上昇は，民間企業による投資を減少させる。これは利子率の上昇によって，投資のために企業が行う資金調達が難しくなるからである。投資は消費や政府支出と同じく**総需要**を構成する項目の1つであるから，投資の減少はGDPの拡大にとってはマイナス要因である。政府支出の増加が，利子率の上昇を通じて，民間企業の投資ないし総需要を減少させてしまうことを，**クラウディング・アウト**という。結果的に，政府支出が民間投資を押しのけてしまうのである。

3-2 財政政策は乗数効果を持つ

　政府が1兆円だけ政府支出を増加させたとしよう。直接効果として，総需要が1兆円増加し，潜在GDP以下であった実際のGDPも1兆円増加する。しかし，財政政策の効果はこれにとどまらない。GDPが増加するということは，家計の所得も増えるということである。需要の増加によって，今までは売れなかった

財が生産され供給されることになるが,その結果,企業の売上が拡大し,今までは雇われていなかった労働者が雇用されたり,既存の労働者の賃金が上昇したりする。このため財政政策によって,GDPすなわち家計の所得が1兆円増加する。所得が増加すると,家計は少なくともその一部を財の購入(消費)に回す。このことがさらに総需要を増加させることになる。

このことを,簡単な数式で考えてみよう。外国との財の取引がない**閉鎖経済**を考えるとき,財市場における需要と供給の均衡を次の式で表すことができる。

$$Y = C + I + G \tag{4.1}$$

ここで,YはGDP,Cは消費,Iは投資,Gは政府支出である。(4.1)式の左辺は財の生産量を表し,右辺は生産された財をどの経済主体が購入したかを表している。財に対する支出は,家計が財を購入する場合は消費,企業が購入する場合は投資,政府が購入する場合は政府支出と呼ばれる。(4.1)式は生産された財を誰が購入したかによって呼び方を変えているにすぎないので,常に成立する恒等式である。

一方,消費について,次の**ケインズ型消費関数**(の簡略版)を仮定する。

$$C = cY \tag{4.2}$$

ここで,Yは生産された財を売って得た所得でありGDPに等しい。Cは消費であり,cは所得のうちどれだけの割合を消費に回すかの割合を表し,**限界消費性向**と呼ばれている。限界消費性向は割合であるので$0 \leq c \leq 1$を満たす。実際の経済データから算出

すると $c=0.8$ 程度であることが知られている。$c=0.8$ のとき，家計は 20 万円の所得を得ると，その 8 割にあたる 16 万円を消費する。残りの 4 万円は使わずに貯蓄に回す。

(4.1)，(4.2) 式より，簡単な計算によって次を得る。

$$Y=\frac{1}{1-c}(I+G) \tag{4.3}$$

ここで，政府支出 (G) を 1 兆円増やすことを考えよう。(4.3) 式より，このとき GDP (Y) は $1/(1-c)$ 兆円増加する。限界消費性向は $0 \leq c \leq 1$ であるから，$1/(1-c) \geq 1$ である。よって政府が 1 兆円の財政支出を行った場合，GDP は 1 兆円以上増加することになる。$c=0.8$ のとき，$1/(1-c)=5$ であるから，1 兆円の政府支出の増加に対して，GDP は 5 兆円も増えるのである。この効果を**乗数効果**と呼び，ここでの $1/(1-c)$ を**政府支出乗数**と呼ぶ。

(4.3) 式は (4.1)，(4.2) 式から得られた結果であるから，乗数効果が生じるメカニズムは (4.1)，(4.2) 式に内包されている。政府が 1 兆円の財政支出を行うとき，(4.1) 式より政府支出はその直接効果として GDP（＝所得）を 1 兆円増加させる。家計の所得は 1 兆円増加するが，家計はその 80% を消費に回すとしよう。1 兆円の所得増加分の 80% を消費するので，(4.2) 式より消費は 1 兆円×0.8＝8000 億円増加する。(4.1) 式より，消費も総需要の構成要素の 1 つであるから，この消費の拡大によって総需要や GDP は直接効果の 1 兆円に加えてさらに 8000 億円増えることになる。またさらに，この増加した 8000 億円が家計の所得の増加として跳ね返ってくるから，(4.2) 式より，消費がさらに 8000 億円×0.8＝6400 億円増加する。このような繰り返しメカニズム

により，財政政策は当初の政府支出1兆円の何倍ものGDP拡大の効果を持つことになるのである。

3-3 資金調達の方法と乗数効果

財政政策は乗数効果を通じて，GDPに非常に大きな影響を与えることができることを見た。政府はこのことを利用して総需要ないしGDPをコントロールしようとする。

ところで，これまで議論してこなかったことで，重要なことがある。それは，政府支出を1兆円増やした場合を議論してきたが，その1兆円はどこからきたのか，という問題である。つまり，政府支出の財源について議論する必要がある。結論を先取りするならば，資金調達の方法によっては，乗数効果の力は大きく損なわれることになる。

政府の資金調達方法は大きく分けて2通りある。1つは**税**による調達であり，もう1つは**国債**，すなわち借金による調達である。それぞれについて，乗数効果への影響を見ていこう。

(1) 税で調達する

政府が1兆円の財政支出を行うとき，そのすべてを税金でまかなうことにしよう。一般に支出のすべてを税金でまかなうことができない場合は，赤字国債を発行して借金でその不足分を補う必要があるが，国債で調達する場合の話は後述することとして，ここでは1兆円の政府支出増加と同時に1兆円の増税を行うこととする。政府支出のすべてが税収でまかなわれることを**均衡財政**という。

再び，簡単な数式を用いて議論しよう。財市場の需給均衡を表す(4.1)式は恒等式であるから，変化しない。

$$Y = C + I + G \tag{4.1}$$

一方,消費関数 (4.2) 式は次のように変更される。

$$C = c(Y - T) \tag{4.4}$$

ここで,T は税である。政府が政府支出の財源として用いる税が導入されている。$Y-T$ を**可処分所得**という。最後に均衡財政を表す次の式によってモデルは完結する。

$$G = T \tag{4.5}$$

(4.1),(4.4),(4.5) 式より,次式を得る。

$$Y = \frac{1}{1-c} I + G \tag{4.6}$$

(4.6) 式より,政府支出 (G) の前にかかる係数は 1 である。これを**均衡財政乗数**という。政府支出を税でまかなうことによって,政府支出乗数は 1 にまで低下してしまう。

政府が 1 兆円の財政支出を行うと,直接効果により GDP が 1 兆円増加する。このことは家計の所得を 1 兆円増加させるが,ここでは同時に 1 兆円の増税が行われていることに注意しなければならない。結局,家計の所得は,その増加分をすべて税金で吸い取られてしまうことになるので,税引き後の可処分所得で見た場合には変化しない。家計の所得が変化しないから,消費がこれ以上増加することはない。乗数効果が生じる原因であった繰り返しメカニズムがここで止まってしまう。

結局,GDP に生じた効果は,直接効果の 1 兆円だけである。均衡財政のもとでの政府支出乗数は 1 となる。GDP は 1 兆円増

加するから、効果がまったくないわけではないのだが、家計の(可処分)所得も消費も増加しないので、家計にとっては財政政策を行う前と何も変わっていない。政府支出増加の財源をすべて税で調達する場合には、乗数効果が大きく損なわれ、政府支出乗数は1にまで低下してしまう。

(2) 国債で調達する

政府支出の財源を税で調達した場合、乗数効果が損なわれることを見た。その理由は増税によって家計の可処分所得が増加しないからであった。国債で調達した場合には、増税を行わないので、乗数効果は依然として有効である。

しかし、国債は政府の借金であるから、いずれは返済しなければならない。このことを知っている家計は、現在の赤字国債の発行による政府債務の増加は、いずれは将来の増税によってまかなわれると予想するだろう。国債発行による資金調達は負担の先送りにすぎないと考えるのである。このように考えた家計は、所得が増加したとしても消費を増やさない。将来の増税に備えて貯蓄すべきだと考える。乗数効果の本質は、所得が増えると消費が増える、消費が増えると所得が増えるという繰り返しメカニズムにあったことを思い出そう。消費が増えないと繰り返しメカニズムが停止してしまい、財源を税で調達したときと同様に、乗数効果が損なわれる。数式でいえば、このことは、ケインズ型消費関数(4.2)式における、限界消費性向 c の低下と考えることができる。ケインズ型消費関数は現在の消費が現在の所得の関数であることを主張しているが、実際の家計は現在の所得だけでなく、将来にわたって得られる所得を考慮して消費行動を決めていると考えられる。

結局のところ，財源を税で調達することと，国債で調達することは，増税が行われるタイミングの違いでしかない。家計がこのことを正しく認識できるならば，将来の増税に備えて消費を変化させないので，乗数効果が損なわれてしまう。政府支出の財源を税で調達することと国債で調達することが乗数効果や経済に与える影響は同じである。これを提唱者である経済学者の名前から，**リカード゠バローの等価定理**という。等価定理の等価とは，財源を税で調達することと国債で調達することに違いはないことを表している。

　ところで，理屈では確かにそうなのだが，現実の経済において，家計が将来の増税を予期して消費をまったく動かさないかどうかはまた別の問題である。リカード・バローの等価定理で想定されている家計はきわめて合理的であるが，現実には，将来の増税を軽く見て，あるいは将来世代への負担は自分たちの世代には関係ないものと考えて，消費を増やす家計が存在するかもしれない。もちろん，この場合には，乗数効果は有効である。

3-4　実際の財政政策

　図4-2は2016年度の日本政府の歳出と歳入の内訳を示したものである。それぞれの特徴を見ていこう。まず，歳出について，借金の返済にあたる国債費が約24%を占める。また国債費と社会保障関連費，地方交付税交付金等を加えた額は全体の約73%にのぼる。これらは裁量的に変化させることが難しい歳出項目である。政府が裁量的に変化させることができる予算は残りの27%程度しかなく，日本の財政は硬直的であるといえる。歳入について，歳出のうち税でまかなえるのは約59%であり，税収の

図4-2 政府の歳入と歳出

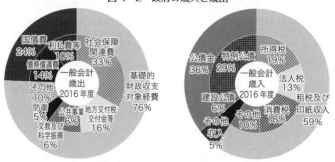

（出所）　財務省「平成28年度一般会計予算の概要」。

図4-3　1990年度予算との比較

（出所）　財務省「平成28年度一般会計予算の概要」。

うち多くの部分を所得税・法人税・消費税のいわゆる基幹三税が占める。税収でまかなうことができない残りの大部分は公債金（借金）でまかなわれている。

日本の財政は国債に大きく依存しており，近年では国債発行残高の拡大が不安視されている。この原因を探るため，赤字国債の新規発行額がゼロであった1990年度予算と2016年度予算とを比較してみよう（図4-3参照）。まず歳入面では，1990年度に赤字国債の発行が行われなかったという点を除いては，1990年度と2016年度との間で歳入構造に大きな変化は見られない。不況による税収の若干の落ち込みが観察される程度である。2016年度

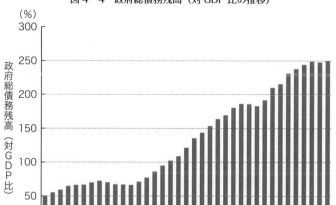

図4-4 政府総債務残高（対 GDP 比の推移）

（出所） IMF, World Economic Outlook Databases, 一般政府（国・地方自治体・社会保障基金）の債務，2015 年以降は推計値。

に大量の赤字国債の発行が行われた原因は，歳出面にある。歳出面では，社会保障関連費が大幅に増加していることがわかる。これは主として高齢化が原因である。またこれまでの国債発行残高の積み上がりにより，返済のための国債費も増加していることがわかる。

日本の財政は，不況による税収の減少と急速な高齢化による社会保障関連費の増加から生じた歳入と歳出のアンバランスを，国債の発行によって埋め続けた結果，巨大な国債発行残高を抱えることになったのである。

2016 年現在の日本の政府総債務残高は GDP の 2 倍を超え，2.5 倍に迫ろうとしている（図 4-4 参照）。政府がこのような多額

の借金を抱えることに不安を抱く人も多い。財政が破綻してしまうのではないかという恐れである。2009年にはギリシャにおいて，旧政権による財政赤字の隠蔽が明らかにされ，財政への信頼が失われた結果，2010年にはヨーロッパ全体へと飛び火する深刻な経済危機が生じた。2009年時点のギリシャの債務残高はGDPの113%であった。日本政府はそれを大幅に超える大規模な債務残高を抱えている。

財政は破綻しないだろうか。財政の維持可能性について，経済学では**ドーマー条件**という条件が知られている。それは「プライマリーバランスが均衡しているもとで，名目GDP成長率が名目利子率を上回るならば財政は持続可能」という条件である。**プライマリーバランス**とは，歳出のうち国債費を除く部分と，歳入のうち公債金を除く部分とのバランスである。つまり，プライマリーバランスとは，過去の借金のことはともかくとして，現時点において収支が均衡しているかどうかを示す指標である。ドーマー条件では，まずこのプライマリーバランスの均衡が前提とされる。さらに，債務は名目利子率に従い膨張していくが，税収が名目GDP成長率に比例して拡大するので，名目GDP成長率が名目利子率を上回るならば，少なくとも利子による債務増加分を返済し続けることが可能である。要するに，ドーマー条件は，新たに借金を増やさないこと，利子だけでも返済し続けることを，財政破綻を回避する条件として提示しているのである。

日本政府のプライマリーバランスは2015年時点でGDPの3.3%の赤字である。GDP成長率も低調ではあるが金利をゼロ付近に誘導することでなんとか，利子率以上の経済成長率を達成しようとしている。政府は2020年までにプライマリーバランスの黒

字化を目指しているが，2017年4月に予定していた消費税の10％への引き上げを2019年10月まで延期したことから，この達成はきわめて困難と考えられている。

2020年までの間に，いわゆる「団塊の世代」が70歳を超える。この世代の多くの方はすでに退職され，年金問題はすでに顕在化しているが，団塊の世代という大きな人口を抱える世代が後期高齢者となっていくのに従い，医療と介護にかかる費用の問題が深刻化すると考えられている。

4 金融政策

物価水準を安定させることも，マクロ経済政策の重要な役割の1つである。中央銀行は経済に出回っている貨幣の量（**貨幣供給量**）を調整することにより，物価の安定を目指す。これを金融政策という。通常は，貨幣供給量が拡大すると物価が上昇し，縮小すると物価が下降する。貨幣の供給が過剰になると貨幣の価値が相対的に低下するため，財の価格が上昇するのである。金融政策はまたGDPにも影響を与える。しばしば言われるように，貨幣は経済の潤滑油の役割を持つ。不況時には貨幣供給量の拡大（金融緩和）を行い，景気が過熱したときには貨幣供給量の縮小（金融引き締め）を行うことでGDPをコントロールすることができる。

4-1 金融政策はGDPを拡大させ利子率を低下させる

金融政策はGDPを拡大させるが，同時に利子率は低下する。利子率はすでに議論したように，手元に貨幣を持っておりすぐに

第4章 マクロ経済政策の基礎

使える状態にしておくことの価値と考えることができた。金融政策により,中央銀行が貨幣を供給すれば,貨幣の量が増えるので,この価値は低下する。

財政政策はGDPを拡大させるが,利子率の上昇を通じて,民間の投資を損なうというクラウディング・アウト効果を持つことをすでに見た。金融政策は財政政策とは反対に利子率を低下させる効果を持つので,この2つをうまく組み合わせること(**ポリシー・ミックス**)で,利子率の動きを安定させつつGDPを拡大させることができる。このような政策を**不胎化政策**という。

4-2 経済学でいう貨幣とは

貨幣とはお金のことであるが,経済学でいう**貨幣**とは**現金**と**預金**との和である。現金だけではなく預金も貨幣に含まれることに注意しよう。現金とは,財布の中に入っている紙幣と補助通貨である硬貨のことである。預金とは,民間銀行に預けているお金のことである。現金で財が買えるのは当然だが,支払額が大きいときや定期的な支払いには,銀行振込や口座引き落としが利用される。このとき私たちは預金を使って財を購入している。

現金を発行(供給)するのは中央銀行であり,中央銀行以外の誰も発行することはできない。一方,預金を発行(供給)するのは民間銀行である。預金通帳やキャッシュカードには民間銀行の名前が書かれているし,紙幣には日本銀行と書かれている。

4-3 信 用 創 造

民間銀行は預金を発行するが,その発行額は民間銀行が持つ現金の量の10倍以上にもなる。これは一見不思議なことに思える。

なぜなら銀行の金庫には現金が1000万円しか入っていないのに，1億円を貸し出す（預金を発行する）ことができるということだからである。その意味で，民間銀行は1億円を何もないところから「創造」する。

　手品のようなシステムだが，可能である。十分に信用があるAさんが自宅を購入するために，ある銀行の支店に1億円を借りに行ったとしよう。その支店の金庫には現金が1000万円しか入っていない。しかし銀行はAさんに1億円を貸すことができる。それが可能なのは，銀行はカウンターの上に1億円の札束を並べたりしないからである。実際に銀行が行うのは，Aさんの銀行口座に1億円入金と端末に入力するだけである。実のところ，金庫が空であっても，銀行はAさんに1億円を貸すことができる。

　Aさんは手ぶらで銀行を出て，不動産屋に行き，家を購入する。そこでも1億円の現金を見せる必要はない。銀行を通じてAさんの口座から不動産屋の口座に1億円を振込むように手続きすればよい。以上で取引完了となる。Aさんは1億円で自宅を購入することができた。

　この話のポイントは，誰も1億円の現金そのものを実際に見ていないということである。そもそも銀行の金庫の中にすら，それは存在していない。しかしそれでも1億円の取引が行われたのである。民間銀行はその信用に基づいて1億円の預金を何もないところから創造した。民間銀行のこの機能を**信用創造**という。

　信用創造のシステムは大変便利である。信用創造がなければAさんは銀行が1億円の札束をかき集めてくるまで待たなければいけないし，1億円の札束を抱えて不動産屋まで移動しなければならない。重いし，なにより大変危険である。しかし，すでに気づ

いた方が多いかもしれないが、このシステムは、一度に多額の預金が現金として引き出されることはないという予想のもとでのみ成立する。多くの人が銀行に殺到して預金を引き出そうとした場合（**取付騒ぎ**）、銀行は絶対に対応することができない。そもそも金庫の中に預金に相当するだけの現金が準備されていないのだ。銀行が信用を失ったとき、信用に裏づけられたこのシステムは崩壊してしまう。

信用創造は便利なシステムであるが、取付騒ぎのような危険もはらんでいる。そこで、法律によって、民間銀行は発行する預金額の一定割合を現金で持っておくように定められている。この割合を**法定準備率**という。日本の法定準備率は、外国との取引があるかどうかなど銀行の規模と業態によって若干の違いがあるが、平均的には10%程度である。

4-4 金融政策にも乗数効果がある

中央銀行は、金融政策で現金の発行残高を操作する。中央銀行が現金を追加的に発行したとしよう。その現金の一部は、民間銀行が保有する。そして民間銀行は、信用創造により手持ちの現金の何倍もの預金を発行することができる。すると現金と預金との和である貨幣の量は、当初の現金の発行額よりも大きく増加することになる。中央銀行がわずかに現金発行残高を変化させただけでも、信用創造による預金発行を通じてその効果は増幅される。すなわち、金融政策も乗数効果を持っているのである。

中央銀行が現金発行額を1兆円増加させたとき、市場に流通する貨幣額が何兆円変化するかを、**貨幣乗数**または**信用乗数**という。また中央銀行が発行する現金はその乗数倍となる大きな効果を貨

幣供給量に及ぼすことから，中央銀行が発行する現金を**ハイパワード・マネー（マネタリー・ベース）**と呼ぶ。

ここでも，簡単な数式で考えてみよう。中央銀行が発行する現金すなわちハイパワード・マネーの量を H で表す。発行された現金は民間銀行と家計などの非金融部門が保有する。民間銀行が保有する現金の量を R とする。また家計が保有する現金の量を C とする。このとき，次の式が成立する。

$$H = R + C \quad (4.7)$$

(4.7) 式は，中央銀行が発行する現金を民間銀行と家計が持つことを表す。民間銀行が現金を持つのは預金準備のためである。民間銀行が発行する預金の量を D，法定準備率を λ とすれば，次式が成立する。

$$R = \lambda D \quad (4.8)$$

民間銀行が発行した預金は家計が持つ。家計が持つ現金と預金の比率を α とすると，次式が成立する。

$$C = \alpha D \quad (4.9)$$

最後に，経済学でいう貨幣とは，家計が持つ現金と預金の和であるから，次式が成立する。

$$M = C + D \quad (4.10)$$

M は貨幣供給量である。(4.7)～(4.10) 式を用いて，貨幣供給量とハイパワード・マネーの関係を求めると，次のように書ける。

$$M = \frac{1+\alpha}{\lambda+\alpha} H \qquad (4.11)$$

(4.11) 式は，中央銀行が発行する現金の $(1+\alpha)/(\lambda+\alpha)$ 倍の貨幣が市場に供給されることを表す。これが，貨幣乗数または信用乗数である。$\lambda<1$ であるから，この値は 1 より大きい。中央銀行の発行する現金よりも市場に供給される貨幣量が多いのは，民間銀行が信用創造によって預金を発行するからである。

4−5 貨幣供給の手段

中央銀行がハイパワード・マネーをコントロールするには，いくつかの手段がある。

(1) 利子率操作

民間銀行では，日々の銀行業務を行う間に，一時的に資金が過剰になったり不足したりすることがある。このとき資金が過剰な銀行から不足する銀行へと資金が融通されるが，このような取引が行われる市場を**インターバンク市場**と呼ぶ。現在では銀行間をつなぐコンピュータ・ネットワークがその実態であるが，旧来は電話を用いて資金のやりとりをしていた。このことからインターバンク市場は**コール市場**とも呼ばれている。ここに参加する銀行は限定されているうえに信用もあり，しかも一時的な資金の融通を行うことから，無担保での貸借が行われる。このとき適用される利子率を**無担保コール翌日物金利**という。中央銀行はこのインターバンク市場に介入して，利子率を操作する。

インターバンク市場で利子率が上昇すれば，民間銀行の資金調達コストが高まり，市場に流れる貨幣の量は減少する。バブル崩

壊以降，日本銀行が行ってきた**ゼロ金利政策**や，**マイナス金利政策**も利子率操作の1つである。インターバンク市場における利子率を引き下げることを通じて，民間銀行の資金調達コストを下げ，貨幣のめぐりをよくして，景気を浮揚させようという政策である。

(2) **公開市場操作**

中央銀行が，市場を通じて国債や債券を購入（**買いオペ**）したり，売却（**売りオペ**）したりすることを**公開市場操作**という。中央銀行が債券を購入すれば，その対価として市場に貨幣が供給される。

伝統的には，国債などの安全資産を中心に買いオペが行われてきたが，最近では株式や投資信託などへと買いオペの対象が拡大される傾向がある。これはさまざまな債券の価格に働きかけ，さまざまな期間における金利の操作をねらうものであるが，中央銀行という巨大なプレーヤーの株式市場への参入は，株式市場を混乱させるとの批判もある。

(3) **外国為替市場操作**

中央銀行は主に為替レートを安定させることを目的として，各国の通貨を保有している。これを**外貨準備**という。外貨準備の量を変えることを通じて，自国通貨の市場流通量を操作することができる。たとえば，日本銀行が外国為替市場から米ドルを購入すれば，対価は日本円で支払うから，日本円の供給量が拡大することになる。このとき外国為替市場では円安ドル高となる。

(4) **預金準備率操作**

インターバンク市場において，民間銀行は中央銀行に自行の口座を持ち，その口座を通じて他行と資金を融通している。中央銀行が銀行の銀行とも呼ばれるのはこのためである。民間銀行が中

央銀行に持つ口座に預けてある資金こそが、すでに学んだ**預金準備**である。その量は民間銀行が発行する預金の残高に対する比率（法定準備率）として法律で定められている。日本ではあまり使用されていない方法ではあるが、この預金準備率を操作することで、市場に流れる貨幣の量を調整することができる。預金準備率を低下させれば、民間銀行はより多くの預金を発行することができるようになる。

4-6 実際の金融政策

近年の日本では、政府が巨額の財政赤字を抱え、財政の再建を目指す中で、景気浮揚を目的とする短期のマクロ経済政策を実施するにあたり金融政策の役割が大きくなっている。1990年代前半のバブル崩壊、1997年のアジア通貨危機を経て、1998年に日本経済はマイナス成長に陥った。これを受け、日本銀行は**ゼロ金利政策**を開始した。これはインターバンク市場における無担保コール翌日物金利を実質的にゼロへと誘導することで、貨幣供給量の拡大を図るものであった。2000年代に入ると、ゼロ金利政策はいったん解除されたが、日本経済の低迷は続き、デフレ傾向が顕在化してきたことから、日銀は大規模な買いオペを実施する**量的緩和政策**を行った（図4-5参照）。

2013年、日本銀行と政府は共同で、デフレの脱却に向け年率2％の物価上昇率を目標とすることを発表した。このように物価上昇率に目標を設けることを**インフレ・ターゲット政策**と呼ぶ。インフレ・ターゲット政策の目的は、経済主体が抱く期待インフレ率を上昇させることにある。長引く不況と低金利のもとで、経済主体は貨幣を握りしめて手放さない状態になっていたが、この

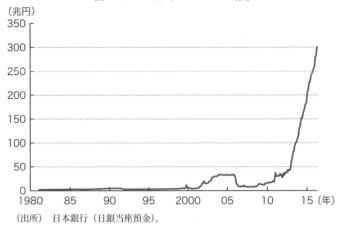

図 4-5 マネタリー・ベースの推移

(出所) 日本銀行(日銀当座預金)。

ままでは経済が回らない。インフレはモノの値段の上昇であり、貨幣の価値の低下であるから、経済主体がインフレを予想すれば貨幣を手放すようになると考えられる。

インフレ・ターゲット政策は、経済主体のインフレ期待を通して経済に影響を与えるから、設定したインフレ目標が達成されることが、経済主体から信用されなければ意味がない。そこで、インフレ目標を達成するために、あらゆる手段が用いられることになる。以来、日銀は**量的・質的金融緩和**として、貨幣供給量を急激に拡大し、国債を中心とする従来の買いオペだけでなく、リスクのある資産にも買いオペの対象を拡大していく。この金融緩和は異次元の金融緩和とも呼ばれるほど、大規模かつ急激なマネタリー・ベースの拡大をもたらした(図 4-5 参照)。その後も日銀は矢継ぎ早に追加金融緩和策を発表することで、インフレ期待の定着を図っている。

2016年には，日銀はゼロ金利政策をさらに進めた**マイナス金利政策**を打ち出した。民間銀行が日銀に持つ日銀当座預金について，法定準備率以上の超過準備については，その金利が手数料を含めると実質的にマイナスになるように設定したのである。民間銀行は市場に資金を供給せずに保有したままでいると損失を被るようになるため，半ば強制的に資金が市場へと流れることになる。

　異次元の金融緩和にも天井がないわけではない。すでに日銀は市場から買いオペで購入した大量の国債と債券を抱えている。この中央銀行による大量の債券保有がどのような影響を経済に与えるのかは，これまでにないレベルであるために，予想することができない。日銀は市場から国債を購入しているのであって，政府から直接国債を引き受けているわけではないが，それでも日銀が大量に国債を購入することは，財政規律を緩め放漫財政を招く危険がある。また，マイナス金利政策は，民間銀行の体力を徐々に奪うものである。民間銀行からしてみれば，不況のために資金を貸し出す投資先がないにもかかわらず，貸し出さなければお金を取られるわけなので，実体経済の回復を伴わないマイナス金利政策は民間銀行の損失となってしまう。しかも，貸し出すための資金を日銀がどんどん追加してくるのである。実際に，マイナス金利が導入されてから半年後の都市銀行の貸出残高は増加しておらず，貸さなければお金を取られるが，それでも貸し出す先がないという状況と考えられる。

図 4-6 生産要素と生産物

5 長期のマクロ経済政策
成 長 政 策

これまでは経済に存在する生産要素の量や技術水準が変化しないという意味での短期を考えてきたが，ここでは生産要素の蓄積や技術水準の上昇を伴う長期を考える。短期の GDP の水準は，最大供給能力としての潜在 GDP に制約されてきたが，ここではその最大供給能力を増加させることを考えることになる。

5-1 経済成長に必要なもの

企業は資本ストックと労働を生産プロセスに投入することで財を生産する（図 4-6 参照）。財をより多く生産するためには，生産要素である資本ストックと労働の投入量が増えるか，同じ投入量でより多くの財が生産できるように技術が進歩するかのいずれかが必要である。

また，国の規模が大きく，人口が多い場合に GDP が大きくなるのは当然であるから，国民の豊かさの指標としては，国全体の GDP ではなく，それを人口で除した 1 人当たり GDP の方が適している。労働者数が人口に比例するならば，1 人当たり GDP を増加させるには，1 人当たり資本ストックを増加させるか，技

術水準を上昇させることが必要となる。

5-2 新古典派成長論

前項でも述べたように，経済成長ないし1人当たりGDPの拡大をもたらすものは，1人当たり資本ストックの蓄積と技術進歩である。1人当たり資本ストックの蓄積と技術進歩が，経済成長においていかなる役割を持つかを議論したのが，1956年のソロー（R. Solow）によるモデルを端緒とする**新古典派成長論**である。

資本ストックの蓄積は企業による設備投資を通じて行われる。また，投資は貯蓄がその源泉となっている。ある一定期間の間に経済で生産されたもののうち，消費したものはなくなってしまうが，それ以外は貯蓄されて，資本ストックの蓄積に回される。これが経済成長の原動力となる。

資本ストックの蓄積は，一様にGDPを増加させるわけではない。一般に，資本の限界生産性は資本ストックの増加に伴って低下すると考えられるからである。このため，経済成長の初期段階にあって，資本ストックの賦存量が小さい経済ではGDPは速く拡大するが，やがて，資本ストックの増加に伴い，成長速度は徐々に低下していく。そして，資本ストックの成長が人口の増加によって相殺されるところで，1人当たり資本ストックの成長は止まる。この状態を**定常状態**という。定常状態において，1人当たり資本ストックは一定であるが，一国全体の資本ストックは人口成長率と同じ率で成長する。

このことは発展途上国など経済成長の初期段階にあって資本ストックをあまり持たない国では経済成長率が高く，先進国のようにすでに多くの資本ストックを持つ国では経済成長率が低いとい

う観察に一致する。他国に先駆けて成長した国々は，資本ストックの増加に伴って，経済成長率が徐々に低下し，後から成長する国々によって追いつかれることになる。

ただし，このことは，十分な時間が経てば，無条件に，すべての途上国が先進国に追いついて，同一の発展段階（定常状態）に収束することを意味するのではない。国によって，貯蓄率や人口成長率に違いがあれば，収束先の定常状態が国によって異なることになるからである。一般に，貯蓄率が高いほど，定常状態における1人当たり資本ストックは大きく，人口成長率が高いほど定常状態における1人当たり資本ストックは小さい。

5-3 内生的成長論

経済成長における技術進歩の役割について考える。前項では1人当たり資本ストックの増加について考えた。一方で，技術進歩については所与として，あたかも経済の外から与えられるかのように議論を進めてきたが，技術進歩が他の経済変数とどのように関係しているのかを考えることは重要である。実際，1980年代後半以降の経済成長論においては，技術進歩をマクロ経済モデルの中で内生的に説明するための研究が盛んに行われてきた。一連の研究を**内生的成長論**と呼ぶ。

技術を向上させる方法として，企業の研究開発（R&D）や教育・訓練による人的資本の蓄積等を考えることができる。技術進歩があれば，定常状態に到達して1人当たり資本ストックの成長が停止した場合であっても，1人当たりGDPは技術進歩率と同率で持続的に成長することが可能となる。

近年の日本では，高齢化によって貯蓄率が低下を始めている。

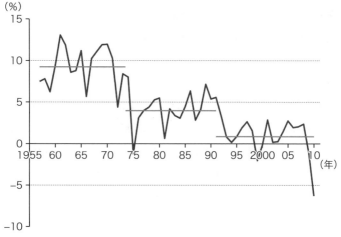

図4-7 日本のGDP成長率の推移

(出所) 内閣府「国民経済計算」。

高齢者は一般に，若年期に積み上げた貯蓄を取り崩して生活をしているから，社会全体で高齢者の割合が高まると，社会全体の貯蓄率が低下するのである。貯蓄は投資の源泉であるから，貯蓄率の低下は資本蓄積，ひいては経済成長にとってのマイナス要因となる。そのため，近年の日本では経済成長における技術進歩の重要性がますます高まっていると言える。

5-4 実際の成長政策

図4-7は実際の日本のGDP成長率を時系列で描いたものである。図中3本の水平線は全期間を第一次石油ショック（1973年）とバブル崩壊（1991年）で区切った3期間における，それぞれの平均成長率を表している。

戦後復興期を経て，日本は平均成長率が10%近くに達する高

度成長期を経験した。その後石油ショックを機に，平均成長率が4%程度の安定成長期に移行し，バブル崩壊以降は成長率がゼロ近傍で低迷している。経済発展が進むにつれて経済成長率が低下することは，新古典派成長論が予測する通りであるが，10%前後の高い経済成長率は達成できなくとも，国民生活向上のためには年率2～3%の経済成長率を維持することが望ましい。

これまでの議論より，1人当たりGDPの増加には1人当たり資本ストックの増加か，技術進歩が必要であることがわかった。またこれまで便宜上，人口と労働者数とを明確に区別せずに議論してきたが，GDPの増加に貢献するのは実際に働く労働者の数であり，人口を一定として実際に働く労働者の割合が増加すれば，1人当たりGDPは増加する。よって，成長政策としては，資本蓄積を促進する政策，技術進歩を促進する政策，労働者数を増加させる政策，を考えることができる。

資本蓄積は投資によって行われ，その投資の源泉は貯蓄である。したがって資本蓄積を促進するには，投資または貯蓄を促進すればよい。投資を促進する政策としては，投資減税などの財政上の優遇措置を考えることができる。金融政策などを用いて利子率を低く維持することも投資の促進に役立つ。貯蓄率低迷の原因が高齢者による貯金の取り崩しにあることから，年金等の社会保障制度のありようは，それを反映した生涯にわたる人生設計を通じて，貯蓄に影響を与えると考えられる。

技術進歩を促進する政策として，基礎的な研究活動に対する補助や特許制度の整備等が挙げられる。特許はR&D活動によって新しい技術を開発した企業に一定期間の独占利潤を保証する制度であって，企業のR&D活動に対するインセンティブに影響する。

しかし、特許は一方で新たに開発された技術に対する他企業のアクセスを阻害するから、特許によって保護される期間は最適に設定されなければならない。教育・訓練など、人的資本の蓄積を促進する政策は重要であり、公的教育・公的訓練がすでに多くの国々で実行されている。

次に、人口に対して労働者の割合を増加させる政策について考えてみよう。近年の日本では、出生率が低迷し、将来にわたって人口が減少することが予想されている。人口の減少自体は1人当たり資本ストックを増加させ、1人当たりGDPを増加させる要因となるが、労働力の不足はGDPを減少させる要因となる。政府は「一億総活躍社会」というスローガンを掲げ、これまでは労働市場に参加をしていなかった、専業主婦（主夫）や、すでにリタイアした高齢者の雇用を促進する政策を実施している。また移民の導入による労働力の確保も議論されているが、文化的背景の異なる移民の導入については、純粋に経済的な視点からだけ見ても、コミュニケーション・コストなどのさまざまな費用が生じることが懸念される。

6 おわりに
マクロ経済政策の限界

6-1 インフレと失業のトレードオフ

インフレはモノの価格の一般的な上昇であるが、実際の経済でインフレが生じた場合には、個々の財によって価格の上昇にばらつきが生じることがある。とくに賃金は、企業と労働者との間で長期的な契約に基づいて定められることが多く、一般に他の財の

図4-8 インフレ率と失業率の関係(1980~2016)

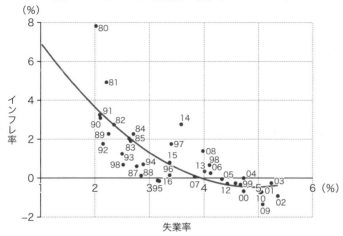

(注) 近似曲線は二次式で近似。
(出所) インフレ率(消費者物価指数前年比),失業率(完全失業率):IMF, World Economic Outlook Databases.

価格よりも硬直的である。このため,インフレが生じると生産物の価格は上昇するが賃金は上昇しないために,企業が労働者を雇いやすくなって,失業率が低下する。逆にデフレが生じると生産物の価格に対して賃金が割高になるので,失業率が上昇する。この関係は**フィリップス・カーブ**として知られている。インフレ率を縦軸に失業率を横軸に取った平面上で,2つの経済変数の関係は右下がりである(図4-8参照)。

インフレと失業の間にはフィリップス・カーブが示すトレードオフの関係があり,低インフレ率と低失業率を同時に達成することはできない。失業率を減らすために総需要を拡大させる政策を実施すると,経済が過熱してインフレが生じてしまう。マクロ経済政策の重要な目標に,物価水準の安定と十分な総雇用の創出が

あるが，これら2つの目標の間にはトレードオフの関係があり，インフレ率と失業率を個別に任意の値にコントロールすることはできない。政府はインフレ率と失業率の両方をにらみつつ，現状のトレードオフ関係のもとで許容される，よりよい組合せを目指して政策を計画することになる。

6-2 政策ラグの問題

経済政策を行うには，まず現実の経済においていかなる問題が発生しているのかを政策当局が認知し，問題解決のための政策を立案し，政治的手続きを経てそれを決定し，行政的手続きを経てそれを実行するという，一連のプロセスが必要である。このプロセスには各段階において少なからず時間が必要であり，いかなる政策であっても，問題の発生と同時にそれに対処することはできない。この遅れを，政策ラグと呼ぶ。さらに，これらのプロセスを経ている間に，現実の経済問題は刻々と変容している可能性もある。そのせいで，経済問題を解決するために実施される政策が，効果がないばかりか，かえって問題を悪化させることもありうる。

また，プロセスに政治決定が含まれることが，真に有効な経済政策の実施を妨げるかもしれない。たとえば，選挙に合わせて景気を操作する，利益団体のロビー活動に政策が左右されるなどである。高齢化によって高齢者が人口に占める割合が大きくなった国では，多数決による決定が，必ずしも経済全体にとって望ましい政策を選択するとは限らない。

[小葉 武史]

練習問題

4-1 財政政策による政府支出の増加が乗数効果を伴ってGDPに影響を与えるメカニズムを整理しなさい。また，政府支出の財源を，税でまかなう場合と，国債でまかなう場合のそれぞれについて，乗数効果に与える影響を整理しなさい。

4-2 ドーマー条件とはどのような条件か答えなさい。また，この条件に照らして，日本の財政の持続可能性について議論しなさい。

4-3 バブル崩壊以降に日本銀行が行った金融政策について整理しなさい。

4-4 現政権が行っているマクロ経済政策の1つを取り上げ，その政策目標を明らかにしたうえで，その政策が安定化政策（財政政策・金融政策），成長政策のいずれに当てはまるのかを検討しなさい。

4-5 本章では，GDPの安定的な拡大をマクロ経済政策の目標として議論したが，GDPが豊かさの指標として適切であるのかどうかには議論の余地がある。GDPの拡大とは別の政策目標を掲げるとき，本章で議論したマクロ経済政策はどのように変更されるであろうか，考えなさい。

文献ガイド

(1) N. グレゴリー・マンキュー／足立英之ほか訳（2011）『マンキュー マクロ経済学 I 入門篇（第3版）』，および同（2012）『マンキュー マクロ経済学 II 応用篇（第3版）』東洋経済新報社。
- マクロ経済学の入門書。平易な理論解説と政策事例に富む。

(2) 岩田規久男・飯田泰之（2006）『ゼミナール経済政策入門』日本経済新聞社。
- 第2部でマクロ経済政策を網羅的に解説。理論と実際の経済政策の関係が論じられている。

第4章 マクロ経済政策の基礎

第5章 ミクロ経済政策の基礎

1 はじめに

　ミクロ経済学は個々の経済主体(消費者や企業など)を対象とする経済学分野の1つである。消費者や企業の経済行動を律する動機・誘因を明らかにし,個別の財・サービス市場における資源配分の効率性を分析する学問である。そのため,ミクロ経済政策の対象は,電力会社に対する規制や環境政策,貿易政策などである。

　ミクロ経済政策の目的は大きく2つに分類することができる。1つは効率的な資源配分の達成であり,もう1つは公平な所得配分の実現である。

　効率的な資源配分とは,「誰の効用を下げることなく,少なくとも誰か1人の効用を高めることができない」状態と定義され,この状態を**パレート効率的**であるという。パレート効率的な状態では総余剰(社会的余剰,もしくは経済厚生とも言われる)は最大になる。経済政策実施前より大きな総余剰を達成する政策は,効率

的な資源配分という観点からは高く評価される。注意しなければならないのは，効率的な資源配分を達成していても，その資源配分が必ずしも公平とは限らない点である。

公平な所得配分の実現を考えることは非常に重要であるが，第2章でも説明したように，公平な所得配分の解釈については注意する必要がある。たとえば，平等な所得が公平な所得配分であるとしよう。これを，**結果の平等**という。これは，本当に公平であると言えるだろうか。つまり，努力をして高い所得を得た人と努力を怠って低い所得しか得られなかった人がいても，所得は平等にすべきであると考えてもよいのだろうか。努力をした人にとっては不公平であると感じるかもしれない。結果の平等を求め過ぎると，かえって努力をする人の数が減少する可能性がある。

これに対して，**機会の平等**という考え方がある。所得を得る機会を平等にするために，義務教育を無償化すべきだという発想は機会の平等に基づく。所得格差の問題が教育にあるのならば，教育を受ける機会を均等にすれば，所得格差も縮まるだろう。しかし原因は多様であると考えられるため，必ずしもそれだけで所得格差が埋まるとは限らない。

公平な所得配分はこの2つの平等をバランスよく考える必要があるが，価値判断が難しい。そのため，本章での評価基準は効率的な資源配分とする。

図 5-1 需要（限界効用）曲線と消費者余剰

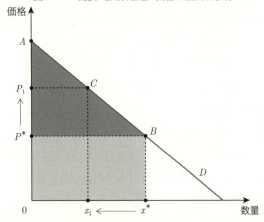

 市場の効率性
競争市場における政府介入の非効率性

2-1 需要曲線と消費者余剰

消費者がある財・サービスを購入するのは，支払額よりも消費者の財・サービスの購入から得られる**効用**（満足度）の方が大きいためである。原則として，財・サービスの消費量が多くなるほど効用は大きくなる。財・サービスの消費量を追加的に 1 単位増やしたときに得られる効用の増加分のことを**限界効用**という。限界効用は逓減する。たとえば，ジュースを 1 杯飲むよりも 2 杯飲む方が効用は高いが，2 杯目を飲んだときの効用の増加分は 1 杯目を飲んだときの効用の増加分よりも小さいだろう。

限界効用は**限界支払意思額**で代替的に測られる。限界支払意思

額とは，限界効用を貨幣価値に換算したものである。限界支払意思額が財・サービスの価格を上回っていれば消費者は購入し，限界支払意思額が価格を下回っていれば購入しない。

図5-1は**限界効用曲線**を表している。数量（消費量）が増えるほど限界効用は逓減するため，右下がりで表現できる。財・サービスの価格がP^*のとき，消費者の購入量はx^*である。このことは，限界効用曲線が**需要曲線**に等しいことを意味している。以下では，限界効用曲線を需要曲線と表現する。

図5-1において，Dは需要曲線を意味している（以下，需要曲線はDと表現する）。四角形ABx^*0の面積は，財・サービスをx^*だけ消費したことで得られる総効用を意味する。四角形P^*Bx^*0は消費者の支払額の合計である。その差である三角形ABP^*の面積は**消費者余剰**と呼ばれ，取引から得られた消費者の便益を表している。

仮に価格がP_1に上昇した場合，限界支払意思額がP_1以上の消費者のみが財・サービスを購入する。そのため，消費者余剰は三角形AP_1Cになる。

2-2 供給曲線と生産者余剰

生産者が財・サービスを生産するとき，原材料や必要な機械の購入などの費用を負担する。生産者が負担する費用の総額を**総費用**という。総費用は大きく2つに分類することができる。1つは可変的な，すなわち生産量に応じて変化する**可変費用**，もう1つは土地や建物のように生産量に関係ない**固定費用**である。固定費用は，売却することで回収可能な部分と回収不可能な部分に分類することができる。回収不可能な固定費用は**サンク・コスト**（埋

図 5-2 供給(限界費用)曲線と生産者余剰

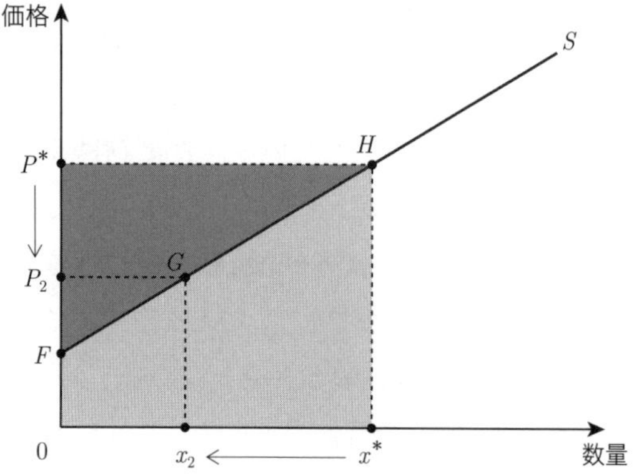

没費用)という。

生産者は利潤(=収入−総費用)が最大になるように生産量(供給量)を決定する。具体的には,限界収入と限界費用が等しくなるように供給量を決定する。**限界費用**とは財・サービスを追加的に 1 単位生産することによる費用の増加分,**限界収入**とは財・サービスを追加的に 1 単位生産することによる収入の増加分である。

後述するように,競争市場では価格と限界収入は等しい。ある供給量のもとで「限界費用>限界収入」となる供給量のもとでは,供給量を減らすことで利潤を増やすことができる。一方,「限界費用<限界収入」ならば,供給量を増やすことで利潤を増やすことができる。そのため,生産者は限界収入と限界費用が等しくなるように供給量を決定する。

図 5-2 はある財・サービスの**限界費用曲線**を表している。価格が P^* のとき,数量(供給量)は x^* となる。これは,限界費用曲線と**供給曲線**は等しいことを意味する。以下,限界費用曲線は

供給曲線と表現する。

図 5-2 において，S は供給曲線を意味している（以下，供給曲線は S と表現する）。財・サービスの価格が P^* のとき，生産者の収入は，四角形 P^*Hx^*0 の面積で表現できる。供給量が x^* のとき，四角形 FHx^*0 の面積は可変費用と回収可能な固定費用の合計を表している。収入と，可変費用と回収可能な固定費用の合計の差である三角形 P^*FH は**生産者余剰**と呼ばれる。

価格が P^* から P_2 に下落すると，生産者余剰は三角形 P_2GF に減少する。価格が下落することで販売から得られる収入が減少し，可変費用と回収可能な固定費用の合計が低い生産者のみが生産を行うためである。

2-3 競争市場における望ましい性質

競争市場には多くの消費者と生産者が存在しているため，個別主体の行動が価格に影響することはない。消費者や生産者は市場で決められた価格に従って需要量や供給量を決定する。そのような主体のことを**価格受容者（プライス・テイカー）**という。たとえば，ある1つの企業が価格を上昇させたとしても，他の企業がより安く財・サービスを供給しているならば，値上げした企業から財・サービスを購入する消費者はいないだろう。したがって，競争市場の需要曲線は右下がりであるが，個別企業が直面する需要曲線は水平であり，市場で決められた価格でのみ財・サービスを供給する。これは価格と限界収入が等しいことを意味する。

図 5-3 は競争市場における市場均衡と**総余剰**（＝消費者余剰＋生産者余剰）を表したものである。競争市場における均衡点は需要曲線と供給曲線の交点 E であり，P^* は均衡価格，x^* は均衡数

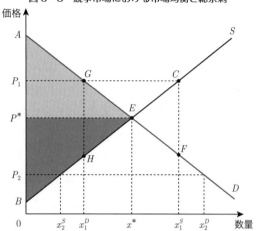

図 5-3 競争市場における市場均衡と総余剰

量を表している。

競争市場にはいくつかの望ましい性質がある。まず,均衡価格のもとで,消費者は財・サービスを欲しい数量だけ購入することができ,生産者は売りたい数量だけ売ることができるという性質である。すなわち,品不足(**超過需要**)や在庫(**超過供給**)が一切発生しない。

仮に,均衡価格よりも高い価格 P_1 で財・サービスが販売されれば,$x_1^S - x_1^D$ の超過供給が発生する。そのため,価格は下落していく。一方,均衡価格よりも低い価格 P_2 で財・サービスが販売されれば,$x_2^D - x_2^S$ の超過需要が発生する。そのため,価格は上昇していく。このように,需要量と供給量が一致するするように価格は常に調整される。

2つめの望ましい性質は,総余剰が最大になるということである。仮に,財・サービスの数量が x^* から x_1^S に増加したとしよう。

このとき，消費者の効用の増加分は四角形 $EFx_1^S x^*$ の面積になる。一方，費用の増加分は四角形 $ECx_1^S x^*$ の面積となる。財・サービスの数量が増加した場合，費用の増加分が効用の増加分を上回ることになる。したがって，均衡数量からの数量の増加は，三角形 CEF だけ総余剰の低下をもたらす（数量が減少した場合も同様に考えることができる）。

2-4 競争市場における価格規制，課税・補助金政策，関税政策と非効率性

前項で，競争市場では総余剰が最大になる，すなわち効率的な資源配分を達成できることを示した。以下では，競争市場において，政府が介入することでかえって余剰が失われてしまうことを説明する。

(1) 競争市場における下限価格規制と上限価格規制の効果

政府が価格の下限や上限を設定することがある。下限価格規制の例は，タクシーの下限価格や最低賃金法による最低賃金である。上限価格規制については，石油ショック時のアメリカにおけるガソリン価格の値上げ規制やかつてニューヨーク市で行われていた賃貸家賃の上限価格規制が挙げられる。

価格規制の主な目的は，行き過ぎた競争の回避や社会的弱者の保護にある。たとえば，タクシー料金の下限価格規制は行き過ぎた価格引き下げ競争の回避，家賃の上限価格規制は貧困層の住宅確保をねらっている。しかしこうした価格規制は，競争市場において，効果がないか非効率的である。

たとえば，図5-3においてタクシーの下限価格が P_2 で規制されているとしよう。もしタクシー料金が P_2 であれば，$x_2^D - x_2^S$

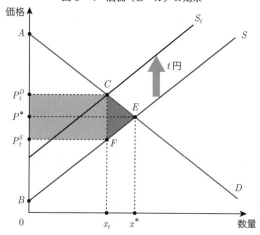

図5-4 酒税（ビール）の効果

の超過需要が生じているため，自然と価格は均衡価格 P^* まで上昇する。一方，下限価格が P_1 で規制されているとしたら，常に $x_1^S - x_1^D$ の超過供給が生じることになる。そのため，総余剰は三角形 EGH だけ小さくなる。この失われた余剰を**死荷重**と呼ぶ（上限価格規制についても同様に死荷重が生じる。確認してほしい）。

実際に，家賃の上限価格規制はねらった効果が得られなかったどころか状況を一層悪化させた。また，タクシー料金の下限規制では競争を阻害し，非効率な企業を存続させる可能性がある。

(2) 財・サービスに対する課税の効果

財・サービスに対する課税方法は大きく2つに分けることができる。1つは財1単位当たりに一定の課税をする**従量税**，もう1つは金額の一定割合を税金とする**従価税**である。前者は酒税，後者は消費税が代表例である。どちらも本質的に効果は同じなので，ここでは従価税，とりわけ酒税（ビール）を例とする。

図5-4はビール市場を表している。Sは酒税を課す前の供給曲線であり、市場均衡点はEである。課税前の消費者余剰は三角形AEP^*、生産者余剰は三角形BEP^*であるので、総余剰は三角形ABEである。

ここで、ビール1缶当たりt円の酒税が課されたとしよう。ビールの出荷時点で生産者が酒税を負担するため、課税は生産者にとって費用の増加に等しい。そのため、供給曲線はt円分上方にシフトし、課税後の供給曲線はS_tとなる。酒税が課された結果、市場均衡点はCになる。ビール1缶の価格はP_t^D円なので、課税後の消費者余剰は三角形ACP_t^Dである。一方、生産者は政府にt円の税金を納めているので、生産者が受け取るビール1缶当たりの収入はP_t^S円（$=P_t^D-t$）となる。したがって、生産者余剰は三角形BFP_t^Sとなる。ビール1缶当たりの酒税はP_t^DとP_t^Sの差に等しいので、政府が得る税収は四角形$P_t^D CFP_t^S$となり、総余剰は税収を含めた四角形$ACFB$の面積となる。

課税前後の総余剰を比較すると、三角形CEFの死荷重が生じており、競争市場での課税は効率性が損なわれることがわかる。

死荷重の発生は、課税による経済主体の市場からの退出に起因する。課税により、政府は税収を得る。一方、P_t^S円よりも費用が高い生産者とP_t^D円よりも支払意思額が低い消費者は市場から退出するため、各主体が得ていた余剰が失われる（$P_t^D CEFP_t^S$で囲まれた部分の面積）。そのため、課税により失われた余剰と税収の差が死荷重となり、三角形CEFの面積で表される。

(3) 財・サービスに対する補助金の効果

政府はベンチャー企業や中小企業、米や乳製品などの農産品の生産者に対して補助金を与えている。また、地方自治体は家庭用

図5-5 補助金政策の効果

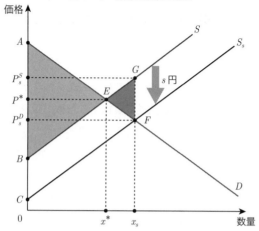

太陽光パネルの設置など、クリーン・エネルギーに対して補助金を与えている。前者は供給(生産者)側、後者は需要側に対する補助金である。以下では、本質的に違いはないため、競争市場における生産者側の補助金に対しての効果を考える。

図5-5において、補助金政策実施前の財・サービスの供給曲線はS、市場均衡点はEである。したがって、補助金政策実施前の総余剰は三角形ABE(=三角形AP^*E+三角形BP^*E)である。

政府が与えた補助金は生産者の費用の一部を補塡しているので、補助金政策は生産者の費用を引き下げる効果がある。したがって、財・サービス1単位当たりs円の補助金は、供給曲線を下方シフトさせるため、補助金政策後の供給曲線はS_sとなる。結果として、補助金政策後の市場均衡点はFになる。政策後の消費者余剰は三角形AP_s^DF、生産者余剰は三角形CP_s^DFとなる。したがって、補助金政策によって消費者余剰と生産者余剰ともに増大し、

総余剰は三角形 ACF となり, 補助金政策実施前よりも四角形 $BCFE$ だけ総余剰が増加したかのように見える。

しかし, 補助金政策実施にあたり財源を必要とする。補助金の財源は国民や企業が納めている税金である。仮に国民が納めている税金を財源とすると, 国民にとって税金は支出に相当するため, 総余剰から国民の税負担を差し引く必要がある。政府は生産者に財・サービス1単位当たり s 円 ($=P_s^S-P_s^D$) の補助金を与えているので, 補助金の総額は四角形 $P_s^S GFP_s^D$=四角形 $BGFC$ である。補助金政策によって四角形 $BEFC$ の分だけ余剰が増加するので, 補助金政策後の総余剰は三角形 ABE －三角形 EFG となる。競争市場で政府が補助金政策を実施することによって三角形 EFG の死荷重が生じ, 効率性が損なわれる。

(4) **輸入関税の効果**

外国と貿易をする際, 多くの財には輸入関税が課されている。図5-6の D と S は, 財・サービスの国内における需要曲線と供給曲線を表している。国内での均衡価格は P^* であり輸入品の価格 (P_W) よりも高いとする。そのため, 輸入品と国産品が同質であるならば, この財を自国で生産するよりも外国から輸入した方が効率的である。この財を外国から輸入すると価格は P_W となるので, 国内における財の需要量と供給量はそれぞれ x_W^D と x_W^S となる。そのため, 国内では $x_W^D-x_W^S$ の超過需要が発生しており, 不足分は外国から輸入する。

消費者余剰は三角形 AP^*E から三角形 AP_WF に拡大し, 生産者余剰は三角形 BP^*E から三角形 BP_WC に減少する。これは, 生産費用の高い非効率的な国内企業が市場から退出するためである。安価な外国の財・サービスが輸入されたことによる消費者余

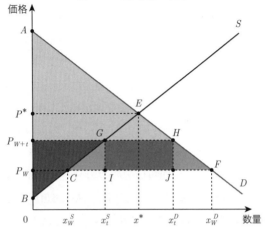

剰の増大が生産者余剰の減少を上回っているため、総余剰は三角形 CEF だけ増大している。

この財・サービス1単位当たり t 円の輸入関税が課されると、財・サービスの価格は P_{W+t} となる。したがって、輸入量は $x_t^D - x_t^S$ となる。

輸入関税が課されたことにより、政府は四角形 $GHJI$ の関税収入を得る。消費者余剰は三角形 $AP_{W+t}H$、生産者余剰は三角形 $BP_{W+t}G$ となるため、三角形 CGI +三角形 FHJ の分だけ死荷重が生じる。輸入関税を課したことによる価格上昇により、購入を控えたことによる**消費の歪み**(三角形 FHJ)と効率的な輸入から非効率的な国内企業へと生産がシフトしたことによる**生産の歪み**(三角形 CGI)が要因である。

③ 不完全競争市場と市場の失敗

　前節の通り，競争市場では効率的な資源配分が達成されるため，政府が経済政策を実施する必要はない。しかし，いくつかの理由から市場メカニズムがうまく機能せず，企業が市場に1社または少数しか存在しない独占・寡占の状態（**不完全競争市場**）になったり，効率的な資源配分が達成できない状態になったりするときがある。とくに後者の状態は**市場の失敗**と呼ばれる。不完全競争や市場の失敗が生じているときには，政府が経済政策を実施することによって，効率的な資源配分を実現する必要がある。本節では不完全競争市場の中でもとくに独占市場における弊害や，(1)**外部性**の存在，(2)**公共財**の供給，(3)**非対称情報**，によって生じる市場の失敗に焦点を当てる。

3-1 独占市場の弊害

　独占市場では競争市場と異なり，独占的な消費者，もしくは独占企業の行動は価格に影響し，価格設定者（プライス・メイカー）となる。本項では，企業が独占のケースを考える。

　多数の企業が存在する競争市場では，ある企業の生産量の増加は価格に影響しないので，限界収入と価格は等しかった。しかし，独占市場では企業が直面する需要曲線は市場の需要曲線そのものである。したがって，生産量の増加とともに価格は下落する。

　生産量が1単位増加すると企業の収入は増加する（**数量効果**）。一方で，すべての数量に対して価格を下げなければならないので，

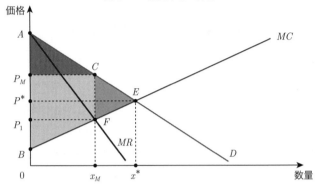

図5-7 独占市場の弊害

収入が減少する(**価格効果**)。この2つの効果により独占企業の限界収入は価格よりも小さくなる。

図5-7は独占企業が直面する市場を表している。独占企業は利潤を最大にするために限界費用(MC)と限界収入(MR)が等しくなるように生産量を決定するので,独占数量は x_M となる。価格は需要曲線に従って設定されるため,独占価格は P_M となる。

仮に,この市場が競争市場ならば,価格と限界収入は等しいため,生産量が x_M のとき価格は P_1 となる。しかし,この市場は独占市場であるので,価格は P_M に設定され,独占企業は四角形 $P_M CFP_1$ の面積分の追加利潤を得る(**独占利潤**)。

この市場が競争市場ならば,均衡価格は P^*,均衡数量は x^* となるので,総余剰は三角形 ABE である。独占市場では,独占企業が独占利潤を得ようとするため,生産量が過小となり,結果として総余剰は四角形 $ACFB$ (=三角形 $AP_M C$+四角形 $P_M CFB$) となる。そのため,三角形 CEF だけ死荷重が発生しており,独占市場では効率的な資源配分に失敗している。

3-2 外部性

市場では消費者や企業が互いに影響を与えているが，その経路は2種類ある。1つは市場を通じた間接的な影響，もう1つは市場を介さない直接的な影響である。前者を**金銭的外部性**，後者を**技術的外部性**という。金銭的外部性については，近くにショッピングモールができるので周辺地価の上昇により地主が利益を得た，都市部における施設の建設や改修ラッシュによる建築資材の価格上昇を通じて，地方における建築価格が高騰した，などが具体例として挙げられる。金銭的外部性は，市場を介した間接的な影響であり，市場メカニズムが正常に機能しているならば，市場の失敗は生じない。

技術的外部性は，**正の外部性（外部経済）**と**負の外部性（外部不経済）**に分けられる。正の外部性は，第三者に対して利益を与える。たとえば，養蜂場の近くに果樹園がある場合，ミツバチは多くのはちみつを生産できるし，果樹園はミツバチが来ることで受粉作業が楽になり，生産力が高まる。一方，負の外部性は第三者に対して，損失を被らせる。公害や環境問題，煙草の煙などが代表例である。

技術的外部性は，市場を介さず経済主体の行動が第三者に直接影響を与える。そのため，市場メカニズムは機能せず，正の外部性については過小生産，負の外部性については過剰生産となり，市場の効率性が歪められる。

3-3 公共財

公共財とは，一般に公共性を持っていたり，政府が供給したりするような財・サービスと思われがちであるが，経済学では次の

表5-1 公共財

	排除性	非排除性
競合性	私的財	準公共財（共有地）
非競合性	準公共財（クラブ財）	純粋公共財

2つ,もしくはいずれかの条件を満たす財・サービスのことを指す。すなわち,(1)ある人がその財・サービスを消費していても,他の人がその財を消費できる**消費の非競合性**,(2)ある特定の消費者を財・サービスの利用から排除できない**消費の非排除性**(表5-1参照)である。これら2つの性質を満たす財・サービスを**純粋公共財**と呼ぶ。国防や外交などがこれに当たる。

どちらか片方の性質を満たすものを**準公共財**と呼ぶ。準公共財は2つに分類することができる。非競合性のみ満たす財・サービスを**クラブ財**,非排除性のみ満たす財・サービスを**共有地(コモンズ)** と呼ぶ。クラブ財の具体例としては携帯電話サービスやケーブルテレビ,共有地の具体例としては海洋資源や自由に利用可能な井戸が挙げられる。いずれの性質も満たさない財・サービスは**私的財**という。

財・サービスが公共財の性質を満たしているとき,**フリーライダー(ただ乗り)問題**が生じる。とくに,純粋公共財は市場で取引することが非常に困難な財・サービスである。競合せず排除もできないということは,財・サービスに価格を設定し,料金を徴収することができないことを意味する。たとえ,利用料金を自己申告制にしても,それは変わらない。0円を申告しても,排除す

ることができないためである。それゆえに、純粋公共財については、市場の成立すら困難であるため、国防については政府が、純粋公共財に近い一般道も国や自治体が供給する必要がある。

3-4 情報の非対称性

財・サービスの需要側と供給側で、保有している情報が異なることが多い。たとえば、医療サービスについて、医者と患者では専門知識に大きな差がある。また、被保険者の健康状態を保険者が完全に把握することは難しい。このように、当事者が自身にしかわからない情報（**私的情報**）を保有しており、情報に偏りがあることを**情報の非対称性**という。

情報の非対称性の問題は私的情報の性質によって2つに分類できる。1つは相手の属性や能力などの情報がわからないことから生じる**逆淘汰（アドバース・セレクション）**の問題、もう1つは相手の行動がわからないことから生じる**モラル・ハザード**の問題である。

逆淘汰の問題について、たとえば医療保険市場を考える。保険会社は需要者の健康状態や病気の履歴を完全には保有していない。そのため、需要者がたとえ健康であったとしても、保険会社は保険金支払の危険性を考慮し、保険料を高く設定するかもしれない。健康な需要者にとって保険料が高いと感じると、かえって不健康な需要者しか医療保険に加入せず、最悪の場合、市場が成立しない可能性がある。

また、住宅市場を例とすると、設計事務所に建築士の資格保有者がいなくてもよいのであれば、欠陥住宅建築のリスクが高まるため、消費者は新築住宅の購入を控える可能性がある。まさに、

「悪貨が良貨を駆逐する」ことになる。

モラル・ハザードの問題について，たとえば経営破綻寸前の企業を考えよう。公的資金が投入されるとわかっていれば，経営者は破綻回避の努力を怠るかもしれない。もし努力により経営破綻を回避できれば，公的資金の投入は無駄である。政府が低所得者向けに現金給付を行う場合にも注意が必要である。給付対象者が自身の怪我や病気で働けなかった場合，病気や怪我が回復し，働けるようになっても政府からの給付を当てにして，再就職しない可能性がある。

このように，情報の非対称性は効率性を歪める1つの要因になる。そのため，国や自治体は私的情報を持つ当事者の能力・属性を示すための法整備や規制を実施し，情報の偏りを是正する必要がある。

4 おわりに

競争市場が常に実現されるならば，総余剰は最大となり効率性の観点から常に望ましい状態を実現できる。そのため，公的な介入は非効率性をもたらすことになる。しかし，市場が常に競争的であるとは限らず，いくつかの要因によって効率性が歪められるため，政府が政策介入し，市場の効率性を回復する必要がある。

政策介入の方法は，市場の効率性がどのように歪められたのかに応じてさまざまである。具体的な経済政策については，第Ⅱ部の各章を読み進め，理解を深めていただきたい。

［熊谷　太郎］

練習問題

5-1 公平な所得配分を実現するために，たとえば，累進所得課税が導入されている。累進性が高まることにより，高額所得者の課税負担が大きくなりすぎることの問題点を説明しなさい。

5-2 正の外部性は過小生産，負の外部性については過剰生産によって効率性が歪められることを説明しなさい。

5-3 一般道は，共有地にも純粋公共財にもなりうる。その理由を説明しなさい。

文献ガイド

(1) 神取道宏（2014）『ミクロ経済学の力』日本評論社。
- ミクロ経済学の理論だけでなく，実践も多く含まれた最新のテキスト。需要曲線や供給曲線を含めたより一般的なミクロ経済学の理解のために適している。

(2) ポール・クルーグマン゠ロビン・ウェルス／大山道広ほか訳（2007）『クルーグマン　ミクロ経済学』東洋経済新報社。
- ミクロ経済学のエッセンスを，図を用いて説明している。扱っているトピックスもかなり多い。

(3) 岩田規久男・飯田泰之（2006）『ゼミナール経済政策入門』日本経済新聞社。
- 経済政策の理論と実際について幅広く扱っており，ミクロ経済政策についても標準的な解説がされている。

第II部
経済政策の実際

Contents
第6章　産業政策
第7章　農業政策
第8章　環境政策
第9章　労働政策
第10章　社会保障政策

第6章

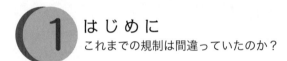

1 はじめに
これまでの規制は間違っていたのか？

産業政策とは，企業の行動を制限することや，企業の保有する資源の配分を変更することを通じて，新たな市場の状態へ導くさまざまな政策の総称のことである。たとえば，ある産業を育成する場合に補助金を出すことも産業政策であり，ある企業に対して上限価格を設定することも産業政策に含まれる。産業政策にはその内容が企業を補助するものであったり，競争を促進させるものであったり，競争を妨げるものであったりとさまざまである。産業の特徴によって政策の内容が変わるのは自然であろうが，同一の産業に注目した場合であっても，その政策の方針が変わることもある。近年におけるその典型例が電力産業であろう。

電力市場への参入が自由化され，一般家庭の消費者はどの企業から電力を購入するかを選択できるようになった。たとえば，これまで各地域の電力会社から買っていた電気をガス会社から購入

することも可能になったのである。私たち消費者にとって，購入先の選択肢が増えるのは嬉しいことであろう。また，既存の電力会社と新規のガス会社の競争によって，料金の低下やサービスの向上にも期待ができる。したがって，この参入自由化は望ましいもののように思われる。こう考えると，「これまでの政策は間違っていたのか？」ということや，「そもそも，過去の規制を正当化する理由はあるのか？」といった疑問が浮かんでくる。

このような疑問は，経済学を学んでいくとより強まるかもしれない。その理由として，経済学では市場メカニズムを重視していることが挙げられる。たとえば，ある市場における需要曲線と供給曲線の交点によって与えられる均衡では，死荷重が発生しないことを知っている人も多いだろう。そのため，経済学を学んでいると，「市場メカニズムを機能させるためには競争が重要であり，企業数を制限する参入規制など許されない」などという考えを持つ方が自然なのかもしれない。

この章では，産業育成政策，競争政策，規制政策について解説し，電力市場の参入自由化などの政策の転換が行われる理由について考えるための基礎を提供する。

産業育成政策

産業育成政策とは，政策を通じてある特定の産業に資本を集中させ，その産業の競争力を向上させることを目的としている。産業育成政策が日本の中心的な産業政策であったのは，戦後以降の経済発展の時期であり，この節では，日本の鉄鋼産業を題材に産

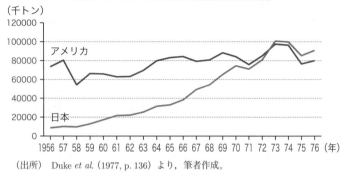

図6-1 アメリカと日本の鉄鋼生産量の推移

(出所) Duke *et al.* (1977, p. 136) より，筆者作成。

業政策の内容を解説する。

2-1 鉄鋼産業に対する育成政策

　戦後の日本は財閥が解体されるなど，特定の企業の競争力が強制的に低下させられ，国際競争力を持った企業がほとんど存在しない状態となっていた。1946年に吉田茂内閣では，産業を復興させるために石炭および鉄鋼の2部門を軸とし，鉱工業生産水準を引き上げること目指していた（香西，1984）。その成果として，1934年から1936年における鉄鋼産業の生産指数を100とした場合，1946年の指数は22.4であり，1948年の指数は49.2であったが，1950年の指数は118.3まで上昇した（岡崎，2002，91ページ）。したがって，鉄鋼産業は戦後の短期間で急速な回復を見せていたのである。

　戦後における資源の集中により，鉄鋼産業の急速な復興が行われ，1970年代前半にはアメリカの生産量を上回ることとなる。図6-1はアメリカと日本の鉄鋼生産量の推移である。鉄鋼産業

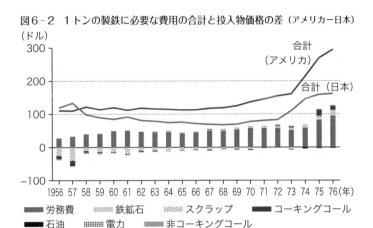

図6-2 1トンの製鉄に必要な費用の合計と投入物価格の差（アメリカ－日本）

（出所）Duke *et al.* (1977, pp. 113-116) より，筆者作成。

は戦後に急速な回復を見せたとはいえ，1956年において，日本の鉄鋼生産量は861.5万トンであり，アメリカの生産量は7368.5万トンであったため，日本の生産規模はおよそアメリカの11.7％程度であった。しかしながら，1973年には，日本の生産量が1億トンを超え，アメリカの生産量9707.6万トンを上回ることとなる。図6-1より，アメリカの生産量がおおむね横ばいであったことを考えると，日本の鉄鋼産業の急成長は特筆すべきといえる。

このような日本の鉄鋼生産の拡大をもたらした要因は，産業育成政策であったのかを探るために，当時の鉄鋼生産に必要な投入物価格をアメリカと日本とで比較してみよう。図6-2では，1トンの鉄鋼を生産するために必要な費用（平均費用）と各投入物価格の差が示されている。投入物価格の差はアメリカにおける価格から日本での価格を引くことで求めている。横軸に対して上向

きに描かれている棒グラフの部分は，日本の方が安い投入物であり，下向きに描かれている部分は，アメリカの方が安い投入物である。この図の折れ線グラフに注目すると，1トンの鉄鋼を生産するために必要な費用が，1956年の日本では119.83ドルであったのに対して，同時期のアメリカは110.84ドルであったことがわかる。一方，日本の生産量がアメリカを抜いた後の1976年では，日本の費用が161.93ドルであったのに対して，同時期のアメリカは294.65ドルとなっている。したがって，日本の生産量拡大の要因の1つは相対的な費用の低さであったと考えられる。

　一般的に発展途上国は労務費が安いため，当時の日本においても労務費は低かったことが予想される。もしこれが正しいのであれば，石炭と鉄鋼の2部門に軸を置き，その生産拡大によってこれらの価格を低下させ，生産能力を充実させようという政府のねらいとは異なる要因で，鉄鋼産業の発展が説明されてしまう。このような疑問を部分的に払拭するために，この費用の差を詳しく見ておこう。図6‐2に示されている積み上げ棒グラフに注目すると，1956年の日本における鉄鋼1トン生産するために必要な労務費は26.66ドルであり，同時期のアメリカは54.67ドルであるため，その差は28.01ドルとなっている。しかしながら，鉄鋼生産に必要な投入物である鉄鉱石，スクラップ，コーキングコール，石油，電力，非コーキングコールの価格はいずれもアメリカの方が安かったことがわかる。この中でも，鉄鉱石，スクラップ，コーキングコールの価格差は顕著で，労務費の差を上回る水準であった。そして，順調に鉄鋼生産量が拡大した後の1976年では，労務費の差がさらに拡大しており，93.39ドルとなっているが，鉄鉱石およびコーキングコールの価格も日本の方が安くなってお

り，それぞれ 17.64 ドルと 12.35 ドルとなっている。

　日本がアメリカの生産規模に追いついた要因として，確かに労務費の低さが最も重要であろう。しかし，労務費以外の投入物価格の低下効果も無視できるほど小さくない。とくに，コーキングコールは原料炭としても用いる石炭であり，この価格低下は政府主導による石炭の生産量増加によるところが大きいと考えられる。

　以上のように，日本の鉄鋼産業の生産規模は世界的な水準に達したが，さらに，国際的な競争力をも得ていたと考えられている。それを裏づけるものとして，鉄鋼製品の輸入比率（＝輸入/(生産＋輸入－輸出)）の推移がある。ケネディ・ラウンドにおける鉄鋼の関税引き下げが終了した 1972 年を中心に 1970 年から 1975 年の鉄鋼製品の輸入比率を見ると，0.1％ から 0.3％ の範囲で推移していることがわかる（山脇，1984）。したがって，関税障壁の撤廃後も輸入が拡大していないことから，十分な国際競争力を有していたと言えるのである。

　鉄鋼産業では価格や生産量の統制など，多くの政府介入が行われていたが，次第に競争的な環境を求めるようになってきた。そのことは，1968 年に八幡製鉄と富士製鉄の合併が発表されたときの政府の対応からも推察することができる。海外の企業と競争できる国内企業を育てるという産業育成政策の目的にのみ注目するのであれば，この合併は問題なく承認されたであろう。しかしながら，巨大企業の合併が国内の鉄鋼およびその関連産業に与える影響も十分に考慮する必要があり，この合併は公正取引委員会の審判を受けることとなった。その結果，国内の競争環境を保つための排除措置を両企業が受け入れることを条件として，この合併が認められたのである。このような政府の対応は，鉄鋼産業は

政府による戦後の育成期間を経て国際競争力を獲得し，そして，単に大きい企業であればよいという時代を，当時すでに終えたとみなされていたことを意味している。巨大企業の行動は国内産業によい効果をもたらすこともあれば，悪い効果をもたらすこともある。鉄鋼産業だけでなくその他のさまざまな産業においても巨大な企業が登場し，企業の行動が国全体に望ましい効果をもたらすようなルール作りの重要性が，国内産業の発展とともに増していったのである。

2-2　現代の産業育成政策

かつての日本はこのような産業育成政策により，鉄鋼産業や自動車産業などを含むいくつかの主要な産業の成長に関わってきた。この節の最後に，現代の産業育成政策の位置づけについて，簡単に述べておきたい。

産業育成政策のみに頼って，経済が成長し続けることができるのであれば，現代においても産業育成政策は主要な役割を担っているだろう。ところが，先進国の多くは，産業育成政策を主要な政策とは位置づけていない。このような現状をふまえると，日本における産業育成政策の役割が小さくなっていくことは自然な傾向と言えるのかもしれない。

しかしながら，現代において産業育成政策がまったく必要ないかと問われると，これにも明確な答えを出すのは難しいだろう。たとえ産業育成政策によって経済成長が常にもたらされるわけではなかったとしても，産業育成政策によって，道路や発電施設などの経済の基盤が整備されることは事実である。実際，日本の産業育成政策では，多くの製造に関連する石炭と鉄鋼という投入物

を豊富に作り出すことで，その他の産業の発展の基礎を提供することとなった。もし，産業育成政策が行われていなければ，石炭や鋼材を製造していた企業は，自身の生産がもたらす正の外部効果を無視して生産量を決定していたであろう。おそらくは，産業育成政策が行われなかったとしても，いずれはアメリカの生産量に追いついたであろうが，企業の消極的な生産により，追いつくまでの期間はさらに長くなってしまったであろうと推測される。経済発展の初期の段階において，経済基盤を整備する効果は非常に大きいであろうから，産業育成政策がこれをもたらすということを無視することはできない。限られた資源をどの産業に集中させるかという問題は必ずしも簡単なものではないが，選択肢の1つとして産業育成政策を考慮することは有効であろう。とくに，新たな技術で作られる経済基盤を全国にすばやく普及させることを目指す際には，産業育成政策に似た対応が有効であるかもしれない。

　現在の日本のように経済基盤が十分に整っている場合，成長を遂げた企業が多く存在する市場に対して，企業の行動をどのように制限していくべきかという政策が，より大きな意味を持つようになる。つまり，産業育成政策から企業の行動を制限する政策に転換することが必要となる。そこで，次節以降では，競争政策と規制政策とに分けて，現代の産業政策について考えていく。

3 競争政策

競争政策とは，競争を妨げる企業の行為を制限し，競争を有効

に機能させた結果，望ましい資源配分が実現することを目指す政策のことである。この政策は，大きな市場シェアを持つ企業が存在する現在において，より重要なものとなっている。大きな企業が市場に存在することで，そもそもどのような問題が生じるのであろうか。この節では，大企業間の競争が社会的に望ましくない状況を生じさせる可能性を確認し，その後，現状の競争政策について解説を行う。

3-1 大企業がもたらす死荷重

　市場には，生産量の調整により価格を操作できる大企業が存在し，自身の利潤を最大にする生産量を保っているとする。ここで，その大企業が追加的に1単位の生産を増やすかどうかを考える。すでに利潤を最大化している大企業の追加的な生産による価格の低下は，大企業の余剰を減らすが，それは消費者余剰を増やすことになる。経済厚生の観点からは，消費者余剰の増分を考慮し，生産量を決定することが望ましい。しかしながら，大企業はこの消費者余剰の増加を無視するため，追加的な生産がもたらす経済厚生を過小評価することとなる。そのため，大企業が存在すると生産量が少なくなり，高価格が実現してしまう。

　一方，価格を操作できない小さな企業のみが存在する市場を考えてみよう。この小さな企業は追加的な生産を行っても価格が変化しないと考えるとする。すると，この企業が追加的な生産を行うかどうかは，価格が限界費用より高いかどうかで決まる。したがって，この小さい企業が選択する生産量のもとでは，価格が限界費用と一致する。これは，競争市場における均衡条件に一致するため，死荷重がまったく発生しなくなる。

以上の議論から，大企業が存在することで死荷重が生じ，このときに競争政策の重要性が高まると考えられる。一般的に，特定の企業に市場シェアが集中することによって，死荷重が増加することが多い。以下では，この死荷重の増加を防ぐために競争の機能に注目した競争政策ついて説明を行う。

3-2 競争政策の手段

　競争政策の内容は**公正取引委員会**によって決定される。競争政策の手段を大きく分類すると，違反行為の停止，違反行為に対する罰則，違反行為に該当するかの審査に分けることができるであろう。まず，違反行為の停止に属する政策は**排除措置命令**と呼ばれており，企業が独占禁止法上問題となる行為を行った場合，その行為をやめさせる行政処分を行うことができる。

　次に，違反行為に対する罰則に属する政策手段は2つあり，それは**課徴金納付命令**と**刑事罰**となっている。課徴金納付命令とは，独占禁止法に規定される違反行為を行った場合，違反金を支払わねばならないというものであり，その額は違反した行為の期間や規模によって異なっている。一方，独占禁止法で規定されている特定の行為に該当する場合，違反者に対して刑事罰が科されることもある。公正取引委員会は2016年までに22件の刑事告発を行っており，判決として，罰金だけでなく懲役が科されたこともある。

　最後に，違反行為に該当するかの審査についてであるが，これに関連するものは**企業結合規制**である。その他の独占禁止法違反行為と違い，企業結合規制は企業が結合という行為を完了する前に行われる。複数の企業が1つになる企業結合では，それが完了

してしまうと，その後もとの状態に戻すことがきわめて難しい。そのため，競争に重大な影響をおよぼしそうな企業結合は公正取引委員会によって事前に審査される。企業結合に参加した企業は市場シェアを増加させるため，企業結合には市場の競争を緩やかにする効果があると推測される。しかし，企業結合は企業の効率化を目的とする場合もある。そのため，企業結合規制では，企業結合の効果を総合的に判断し，市場の競争に重大な負の影響を与えそうなもののみを禁止するという方針が採用されている。

3-3 競争政策の現状

競争政策の具体的内容は多岐にわたるため，ここでは競争政策の中から主要な部分のみを取り出し，近年の状況について解説を行う。

まず，**入札談合**について説明する。1989（平成元）年以降の入札談合件数の推移は図6-3に示されている。図の左側の縦軸が入札談合件数に対応する。これを見ると，2000年はじめ頃に入札談合違反が多かったことがわかる。このような状況で2006年に**課徴金減免制度**が導入された。この制度は，入札談合や**カルテル**に参加している企業が自主的にその違反内容を公正取引委員会に報告した場合，課徴金が減免される仕組みである。これによって，入札談合やカルテルに参加しているが，あまり利益を得ていない業者の談合逸脱の誘因を高め，結果として，公正取引委員会が入札談合やカルテルを発見することを容易にすることを目的としている。図6-3の右側の縦軸は2006年以降の課徴金減免申請件数を表している。この件数は50件から150件の間を推移しており，この制度が活用されていることがわかる。

図6-3 入札談合件数および課徴金減免申請件数の推移

(出所)『公正取引委員会年次報告』(1989年度から2015年度を使用)より筆者作成。

　一方，2006年以降に入札談合件数が低下しているとは必ずしも言えないが，これは制度の効果が異なる方向に働くからである。まず，課徴金減免制度の導入により，公正取引委員会は談合やカルテルの証拠を入手しやすくなり，これは入札談合を発見する件数の増加につながる。逆に，この制度の導入は，企業にとって，入札談合やカルテルの維持を難しくさせるため，実際に行われている件数を小さくする。したがって，公正取引委員会が法的措置を行う件数に対して正負の異なる効果が働くため，入札談合件数の明確な低下がなくてもこの制度の効果が小さいとは言えないのである。

　次に，**企業結合規制**について説明する。この状況については，公正取引委員会が毎年発表している。以下は，2010年度から2015年度の『公正取引委員会年次報告』から抜粋したものである。2015年度において，295件の企業結合関係届出が受理され，その内訳は，株式取得によるものが222件，合併によるものが23件，分割によるものが17件，共同株式移転によるものが6件，

事業譲受け等によるものが27件であった。届出の総数について近年に大きな変化は見られず，2010年度以降の審査では，排除措置命令が出されたものが各年度に3件以下となっている。企業結合審査はどのような時代であっても必要な政策であり，今後も継続して行われていくものだと考えられる。

4 規制政策

規制政策とは，競争を排除しながら企業の行動を制限し，望ましい資源配分を達成することを目的とした政策である。前節では，競争を活用することで死荷重の大きさを小さくする競争政策について概観してきたが，水道や電力などの産業では参入規制や価格規制が行われており，すべての産業で競争が活用されているわけではないことがわかる。この節では，なぜいくつかの産業では競争を活用せずに，独占を認めた後で価格規制を行っているのかについて述べた後で，規制政策の現状について解説する。

4-1 自然独占と規制の手段

ある1つの企業に独占を認め価格規制を行う理由は，複数の企業よりも単独の企業の方が小さな費用で生産できるからである。このような状況は**自然独占**と呼ばれている。自然独占になりやすい要因として，生産を開始するために必要な**固定費用**が大きい場合などが考えられる。たとえば，水道事業や電力事業は，供給を開始するために水道管や送電線などを全国にめぐらす必要があり，その固定費用の大きさがうかがえる。また，固定費用が大きい場

合，生産量とともに**平均費用**は減少する傾向にあり，生産量が大きい企業ほど有利な状況となりやすい特徴がある。そのため，新たな企業が参入しても小さな需要しか獲得できず，既存企業の独占状態が続きやすいことになる。

このように，自然独占の性質を有する市場では，競争の結果独占になりやすく，また独占状態での生産方法が最も効率的となる。そのため，競争が持っている効果を利用した競争政策との相性が悪く，別の対処法として規制政策を行うことが必要となる。規制政策には，独占状態を維持させる**参入規制**と，独占企業の価格を制限する**価格規制**が含まれる。

規制の問題を考える場合に注意する点として，市場が自然独占の性質を有するならば，参入規制と価格規制を常に行うべきであるとは断言できないということがある。この論点は，デムセッツ (Demsetz, 1968) によって提案されている。価格規制を行う理由は，参入脅威のない独占企業は高価格を選択するからであるが，参入がないのは，参入規制を行っているからである。したがって，自然独占となっている市場において，参入規制および価格規制を行わなかった結果，独占市場となったとしても，それによって高価格が実現するかはわからないのである。規制のない状態で，独占企業が高価格を選択したのであれば，参入企業はそれよりも低い価格を選択し，市場シェアを奪ってしまうだろう。これを予測して，独占企業は高価格を選択しないはずである。したがって，自然独占の性質を持った市場であっても，どの企業が独占者となるかに関する競争は残されているのである。

この独占者となるための競争の効果を利用した政策として，供給価格に関する**オークション**がある。オークションに参加した企

業は，自身が供給したいと考える価格で入札し，最も安い価格で入札した企業が独占権を得る。企業はできるだけ高い価格で供給したいが，ライバル企業の平均費用よりも高い価格で入札すると，独占権を失ってしまう。そのため，ライバル企業が供給できる価格よりもわずかに低い価格で入札することになる。もし，この企業とライバル企業との平均費用にほとんど差がなければ，実現する価格はほぼ平均費用に一致し，社会的に望ましい価格からあまり乖離しなくなるだろう。このようなオークションの性質を利用し，海外では電波の周波数帯に関する割当が行われている。

4-2 日本における規制の現状

現在の日本の産業に対する規制は，おおむね緩和される傾向にある。内閣府は2006年に『構造改革評価報告書6』を発表し，その中で，1995年と比較した2002年の**規制緩和**状況について述べている。産業を21個に区分し，規制緩和の程度が大きい産業は上から順に，電信・電話業，道路運送業，卸売業，製造業，電気業となっている。21個の産業区分の中で，3つの産業は規制が厳しくなったとしており，その産業は上水道業，工業用水道業・廃棄物処理業，その他の公共サービスとなっている。

この報告書において，規制緩和として評価された点は以下の通りである。たとえば，電信・電話業では，1998年のNTT以外の事業者の外資規制を廃止したことや，2003年の電気通信事業法等の改正により，参入規制の大幅な見直しが行われたことが挙げられている。また，道路運送業では，タクシー産業の規制緩和が評価されており，1997年のタクシー参入規制の見直しにより，事業者の最低保有車両台数の引き下げが行われたことなどを挙げ

ている。さらに，電気業については，改正電気事業法施行を挙げており，これによる卸電気事業への参入許可を廃止したことや，ヤードスティック規制を用いた料金制度の導入などが述べられている。逆に，規制が厳しくなった例として，上水道業では，水道法が改正されたことにより，規制に関連する条項が追加されたことを挙げている。現状の産業に対する規制を見ると，各産業で規制緩和の程度に差があるものの，おおむね規制を緩和する傾向にあることが知られている。

次に，産業ごとの価格規制の現状について見てみよう。消費者庁は公共料金がどのように決定されているのかを，消費者調査課が提供するウェブサイトの「公共料金の窓」(http://www.caa.go.jp/information/koukyou/koukyou03.html) の中で説明している。価格規制の厳しさは，規制対象企業が自身の価格を変更する場合に，どの程度手続きが必要かで決まる。たとえば，価格の決定方法が法令や条例で定められており，企業にほとんど自由を与えていない場合が最も厳しい規制となる。これに対応するのが，**総括原価方式**や**原価補償方式**であり，日本では水道，郵便，高速道路などの産業がこの方式を採用している。

次に厳しい価格規制として，ヤードスティック規制やプライスキャップ規制が挙げられている。**ヤードスティック規制**は，異なる地域の企業を比較し料金もしくはその上限を定める規制となっており，日本では電気，都市ガス，鉄道，乗合バスなどの産業がこの方式を採用している。一方，**プライスキャップ規制**では，価格の上限が決められ，それより低い価格は自由に設定できる規制となっている。日本では，電気通信産業においてプライスキャップ規制が行われている。

最後に，最も緩やかな価格規制として，価格を変更する場合に届出を要求する規制である。この規制のもとでは，企業は基本的に自由な価格を設定できるが，競争を歪めるような価格を選択しないように監視が行われている。この制度を用いている産業としては，国内航空や電気通信などの産業がある。

　参入規制および価格規制を行うべきかどうかは，その産業を独占させることで効率的な生産が可能になるのかということに依存する。しかし，規制内容とその厳しさは，自然独占の傾向が強いかだけで決まるのではなく，その産業が提供する財やサービスをすべての人が消費できるようにするべきかという公平性にも関わっている。たとえば，郵便事業は**ユニバーサルサービス**として考えられているため，たとえ事業を開始する固定費用がその他の規制産業と比べて小さかったとしても，より厳しい規制が課されるという正当化はありうる。産業に対する規制緩和の傾向の中で，いずれの産業の規制が厳しすぎるのかということを議論するためには，規制の厳しさの基準が効率性によって定まっているのか，公平性によって定まっているのかを明確にする必要があるだろう。

5 おわりに
電力自由化再考

　最後に冒頭で述べた電力産業の自由化について再び考えてみよう。電力産業では，発電を行い，それを送電し，最終的な消費者へ小売するといった活動が行われている。これまでの電力産業では，参入および価格の規制が行われていたわけであるから，それを正当化するためには，電力産業が自然独占の性質を有するかど

うかを考えればよい。たとえば，送電を考えると，全国に電線をめぐらせる必要があり，非常に大きな固定費用を必要としていることが推測できる。また，化石燃料や原子力を用いた発電施設の建設にも大きな固定費用を必要とするであろう。したがって，この電力産業に参入するためには，新たに送電線と発電施設を作る必要があるので，複数の企業が同時に活動を行うと，産業の平均費用は大きく上昇することになる。このような理由から，電力産業は自然独占の性質を有していると判断でき，参入および価格規制が行われてきたと理解できる。

　しかしながら，1980年以降，液化天然ガスを用いた発電が広く行われるようになり，また2000年以降，太陽光や風力など新しい発電も少しずつ増えてきている。確かに，送電線網を作ることは依然として大きな固定費用を必要とするが，さまざまな発電方法の登場により小規模の発電も可能になっているため，送電部門以外では自然独占の性質が失われてきている。市場が自然独占でないならば，競争によって経済厚生の損失を小さくすることができ，また，規制を行わないので，政策実施に必要な情報収集の費用も節約できる。したがって，送電以外の発電と小売の自由化を認め，それらの市場の競争を激しくするという政策の正当化がなされるのである。しかしながら，既存の電力会社が送電部門を所有したままになっていると，新規参入企業がこれを使用する場合に，高い送電使用料を請求され，結局，競争が活発に行われない可能性が残ってしまう。そこで，電力自由化を行う際に，電力会社から送電部門を切り離し，送電使用料に関する価格規制を行う。このような政策によって，電力市場の競争が促進され，その産業で発生している死荷重がより小さくなると考えられるのであ

る。さらに未来において、送電の固定費用が小さくなったのなら、送電部門の参入および価格の規制も撤廃し、電力産業が完全に自由化される日が来るかもしれない。

[水野 倫理]

練習問題

6-1 あなたが戦後の日本において産業育成政策を行う立場にあり、どの産業に資源を集中すべきか考えるとする。このとき、本章で取り上げた石炭および鉄鋼産業以外に資源を集中するべき産業は何であるか述べなさい。ただし、その理由の一部で「その産業の発展が他の産業に与える影響」について言及しなさい。

6-2 市場における特定の企業の行動によって、いくつかのライバル企業が倒産してしまうことがある。倒産が生じても問題とならない企業の行動と問題となる企業の行動を「競争が弱められているか」という視点に立って、例を挙げながら議論しなさい。

6-3 価格規制の方法には、平均費用価格規制、総括原価方式、プライスキャップ規制、ヤードスティック規制などがある。それぞれの規制方法を調べ、その利点と欠点について比較しなさい。

文献ガイド

(1) 泉田成美・柳川隆 (2008)『プラクティカル産業組織論』有斐閣。
- 競争政策および規制政策の理論的背景を学ぶのに適している。

(2) 小宮隆太郎・奥野正寛・鈴村興太郎編 (1984)『日本の産業政策』東京大学出版会。
- さまざまな産業に対する育成政策が詳しくまとめられている。

第 7 章

農業政策

1 はじめに
農業政策はなぜ重要か？

　農業政策とは，国などの政策主体が，農産物や農業生産要素市場に介入することであると定義される。農業政策は，通常は，国家の範囲で行われるが，ヨーロッパ連合（EU）など，国家を超えた国際主体で行われることもある。ここでは，日本の農業政策を中心に論じることにする。日本では，近年，**環太平洋パートナーシップ協定（TPP）**等，目覚ましいグローバル社会の進展の中で，私たち日本人の食生活はどうなっていくのかは，多くの人の関心があるところだろう。また，地方創生が叫ばれ，地方が活力を取り戻そうと必死になっているが，いまだ日本の地方において農業の役割は大きく，地方の魅力を最大限発揮し，農業を付加価値の高い産業にしていくことが重要であるだろう。そもそも，食料は，人間にとって，なくてはならないものであるが，農業は，食料を生産する主要な産業である。また，農業は，食料を生産す

るだけでなく,他の産業とは異なる性質を持ち,外部性も多いため,政府の介入が必要な要素が多くなると思われる。そのため,農業政策を他の産業に関する政策とは別に考察していく必要がある。また,経済学の学問の一環として農業政策を扱ううえで,事象の整理や時事問題を追いかけることだけではなく,経済学的な基礎は不可欠である。

本章では,まず,第2節で,日本の農業政策について概説し,第3節で第二次世界大戦後の農業や農業政策の変遷を説明する。続いて,第4節で農業の特殊性を経済の理論を用いて論じることにする。第5節では,経済では捉えることのできない農業が持つ価値について説明する。最後に,第6節で,日本農業の今後の課題について展望する。

日本の農業政策

日本の農業政策は,主に農林水産省が担っている。現在の農業政策は,表7-1のように,主に**価格政策**,**所得政策**,生産政策,農業構造政策,農村社会・環境・福祉政策に分類されよう。価格政策は,政府が農業価格に介入する政策である。嘉田 (1988) では,価格政策の中に,国境調整措置と国内価格支持を含めて考えている。国境調整措置としては,現在の日本では関税が主であり,かつては,量的輸入制限が行われていた。また,農産物輸入課徴金や輸出補助金政策を積極的に行っている国もある。さらに,食品衛生,植物検疫,家畜伝染病予防の目的で,農産物輸入が規制または禁止されるものもある。農業国内価格支持とは,政府が農

表7-1 農業政策の一覧

農業政策	目的	手段
価格政策①：国境調整措置	農業保護	関税（かつての輸入数量制限）
価格政策②：国内価格支持	農業者への所得補償、農産物価格の安定	不足払い制（かつての政府買入、二重価格制）
所得政策	農業者への所得補償	直接支払い政策
生産政策	農業生産の誘導、生産性向上	生産補助金、融資、研究開発改良普及
農業構造政策	農業経営構造の改善	農地制度、農地流動化、経営規模拡大、農地基盤整備
農村社会・環境・福祉政策	農村の振興・環境保全・農業者の福祉	多面的機能支払制度

産物の市場に介入して、農業者への所得を保償するとともに農産物価格を一定あるいは一定の範囲内に安定させようとする政策である。後述の食糧管理制度下の米価に対する政府買入、政府の買入・売渡により2通りの価格のある二重価格制の政策が著名であるが、麦、大豆、生糸、食肉等についても価格支持政策がとられてきた。所得政策は、農家の所得補償をねらう政策であり、食管制度終了後は、価格政策に頼らず、農家に直接支払いをする形で所得補償が行われてきた。生産政策は、生産を一定の方向に誘導したり、生産性を向上するための政策で、生産補助金、融資、研究開発改良普及がある。農業構造政策は、農業経営構造の改善を目的とする政策であり、小規模農業から脱却し、規模拡大をねらうものが中心となっている。農村社会・環境・福祉政策は、農村振興や、環境・国土の保全、農業者への福祉を目指すもので、農地の持つ多面的機能に交付金を支給する制度などがある。

とくに、戦後の農業政策の変遷の中で、価格政策の変革が著し

いと思われるので、価格政策の中で代表的である、**食糧管理制度（食管制度）**について解説することにしよう（詳細は、荏開津・鈴木〔2015〕を参照されたい）。食管制度は、1942〜1995年、米・麦などの主要食糧について食糧管理法（食管法）に基づき国が管理し、その需給と価格の調整、ならびに流通の規制を行う制度であった。この制度は、当初戦争中の食料不足に対応するためであり、政策的に決定される生産者米価ですべての米を買い上げ、政策的に決定される消費者米価で消費者に販売をしていた。1969年には、政府が直接売買しない自主流通米の制度が導入され、実際には、食管法違反の米も販売されるようになり、厳しい取り締まりが行われなくなっていた。しかし、1995年に食管法が廃止されるまで、日本の米価は生産者米価が基準となっていた。政府は、生産者米価で農家が売りたいだけの米を買い入れることを義務づけられており、米価は政府買入価格の水準以下には下がらなかった。食糧管理制度の結果、1970年代以降、米の生産過剰問題が生じた。米過剰の問題から、日本政府は減反または生産調整と呼ばれる生産割当制度を実施した。その方法として、水田面積の一定割合について稲の作付けが制限された。減反には、減反した水田に何も耕作しない休耕と、麦・大豆・野菜などを作る転作がある。

　1995年には、「主要食糧の需給及び価格の安定に関する法律」（食糧法）が施行され、米や麦の流通は自由化された。しかし、長期間政府管理下にあった米管理の構造転換は容易に進まず、生産割当も実質上維持された。2004年に食糧法が改正され、生産割当の方法が減反の稲の作付けを制限する「ネガティブ方式」から、生産量を割り当てる「ポジティブ方式」に転換し、2007年には生産者団体自身による需給調整となったことで、行政の直接割当

は終了した。食管制度は,戦後の食糧安全供給の観点や,農産物の価格の安定の意味では重要な役割を果たしたと考えられるが,自由競争の観点や上述した問題点から,現在では継続するには有効な政策であるとは言えないであろう。

　食管制度とあわせて,**農業協同組合（農協）**による共同販売や共同出荷も重要な点である（荏開津・鈴木〔2015〕参照）。農協には,農産物の販売に関し,生産者が集まって1つの販売組合を作り,出荷量を大きくすることによって市場交渉力の弱さをカバーしようという共同販売組合や,肥料や飼料を共同購入する共同購入組合,また,共同販売・購入を兼ねている農協もある。また,農協は,食管制度の時代には,ほとんど行政と一体になっており,米や麦の主要食糧の買い上げ,配給に際しては政府の代行者としての役割を担っていた。このように,当時は農協を通じて米や麦が流通していたが,その実績は現在にも及んでいる。食管制度のもとで,農協は農産物市場における共同販売組織として最強で,高い販売価格を実現する力を持っており,流通が規制されていたと考えられよう。しかし食管制度の廃止,食糧法の施行,新食糧法への改正により,農協も新たな局面を迎えるようになった。時には,独占禁止法上の問題とされることもあり,批判も受けることのある農協であるが,日本農業を守るという意味で重要な役割を果たしてきたとも考えられる。

　農業構造政策の中で重要なのは,農地や法人に関する規制であろう。第二次世界大戦後の農地改革の中で1952年に**農地法**が制定され,農地保有面積は制限され,小作人の耕作権が強く保護された。そのため,経営面積の拡大は困難な状況であった。その後,1970年に農地法が大きく改正され,農地保有面積の上限の撤廃

等が決定し,借地契約が容易になった。その後も,農地法は改正を繰り返し,農地の流動化,経営面積の拡大に政策の中心が向けられるようになった。しかし,長期間にわたって法人の規制は存在し,農業法人は株式会社の形態のものは認められていなかった。2000年の農地法改正により,株式譲渡についての制限内での農業法人の株式会社が認められるようになった。さらに,2009年の農地法改正により,農地を保有できる法人の要件が緩和され,改正前約436であった日本の農業法人数が,2015年12月末現在で2039となっている。2015年にも農地法が改正され,農地を保有できる法人の要件がさらに緩和されたため,今後も農業法人数は増加すると見込まれる(農林水産省ホームページ参照)。

3 グローバリゼーションと日本農業

日本農業は,明治以降急速に発展した。しかし,第二次世界大戦後,日本農業は縮小し始めた。現在の日本農業を概観すると,2014年度の**カロリーベース食料自給率**(食料自給率とは,国内の食料消費が,国産でどの程度まかなえているかを示す指標である。カロリーベース食料自給率は,1人・1日当たり国産供給熱量を1人・1日当たり供給熱量で除したものであり,畜産物については,国産であっても輸入した飼料を使って生産された分は,国産には算入されていない)は39%で,主要先進国に比べて最低のレベルである。また,農業者の中では,兼業化が進行し,2015年では,販売農家のうち,**専業農家**が33%しかおらず,12%が農業所得を主とする**第1種兼業農家**,54%が農業所得以外の方が農業所得より多い,**第2種**

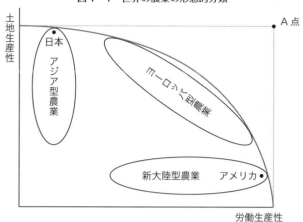

図7-1 世界の農業の形態的分類

(出所) 山口 (1994) より引用。

兼業農家である。半数以上が，農業で主に生計を立てているとは言えない農家である，という状態である（農林水産省ホームページ）。さらに，農業人口が高齢化している。農地においても，耕作放棄地，すなわち，農作物が1年以上作付けされず，農家が数年のうちに作付けする予定がないと回答した農地が増加している。こうした状況で，農村の過疎化が進行している。日本農業は危機的な状況であると言えよう。

それでは，日本において，農業はどうして縮小したのであろうか。まず，世界一とも言える土地制約の中で，高所得国になったことが挙げられる。日本は国土の狭い島国であることに加えて，山間部が多く，1人当たりの農地面積はきわめて小さい。図7-1が示すように，日本を含むアジア諸国の農業は，土地生産性が高く，労働生産性が低いという特徴がある。一方，アメリカやオー

ストラリアのような新大陸型農業は、**土地生産性**が低く、**労働生産性**が高いという特徴がある。その中で、日本農業は、土地生産性を上昇させるよう努力を重ね、アジア型農業の先端とも言えるべき、土地生産性を誇っている。しかし、日本は高所得国になり、高労働生産性を追求する必要が生じた。それは、図7-1のA点の方向に進むべきという、ニューフロンティア創出が必要で、日本の土地制約の中ではきわめて困難な状況である。

続いて、**グローバリゼーション**、すなわち国際的な結びつきが急速に深まったことにある。第二次世界大戦以降、日本が先進国の仲間入りし、世界での影響力も上昇するとともに、世界との関わりを考えずして、日本経済を考えることは不可能なほど、日本は世界経済との結びつきが強固になった。それに伴い日本農業も、グローバリゼーションの影響を大きく影響を受けることになった。1960年代後半以降、日本は貿易収支黒字に転じ、日米の貿易摩擦が大きな問題として取り上げられるようになった。とくに、1980年代以降、急速な円高によりそれ以前縮小傾向であった内外価格差が急速に拡大した。また、日本の貿易収支や経常収支の黒字が大きく増加し、主にアメリカとの貿易摩擦の問題が、農業に対しても厳しくなった。

そもそも、多くの国では、かねてから農業保護をし、農産物の輸入が制限されてきた。とりわけ、先進国における農業保護は、農産物の過剰問題を引き起こしてきた。とくに1980年代、アメリカとEC諸国は農産物過剰により財政負担を抱えることとなり、負担解消のためにも輸出補助金等の制度で輸出を増加させてきたので、世界の貿易市場に混乱を招く結果となった。このような農産物保護による貿易の混乱を解決するため、1986年にGATT ウ

ルグアイ・ラウンド（UR）農業交渉が行われた。その決定は，日本農業に大きな影響を及ぼした。UR において，第1に，各国の貿易政策だけでなく国内支持，すなわち，国内農業助成のために用いられている補助金や価格支持などの政策が批判された。UR では，国内支持が黄，青，緑の政策に分類された。「黄」の政策とは，貿易歪曲的な政策である。黄の政策として，価格支持，つまり，政府等の介入により，価格を一定水準に維持する制度などが挙げられた。「緑」の政策は，農業試験研究などであり，貿易歪曲的効果なし，または最小限のものである。「青」の政策は，黄と緑の中間的な政策である。とくに，黄の政策が批判の対象となった。先述の通り，日本では，1942～1995 年に食管制度が導入されており，米・麦などの主要食糧について国が管理し，その需給と価格の調整，ならびに流通の規制がなされていたが，貿易歪曲的であるとの批判を受けるようになった。

第2に，国境措置に関し，輸入数量制限などの非関税障壁を関税に転換すること，すなわち関税化が要請された。また，現行輸入量（カレント・アクセス：CA）を維持し，輸入がほとんどない品目は最低輸入（ミニマム・アクセス：MA）機会を提供するよう要求された。

世界的な自由貿易の機運の高まりは，日本における農業保護が，大きな非難を受けることになり，日本は次々と農産物の自由化を行うことになった。1971 年には，生きている牛，豚，ソーセージ類，グレープフルーツ等の 12 品目の農林水産物の自由化が行われた。1991 年には，牛肉・オレンジの自由化が行われた。さらに，1999 年には，米の自由化が行われ，農産物は自由化され，輸入数量制限は撤廃され，国境措置は関税のみとなった。

UR決着後，1995年にGATTは発展的に解消し，**WTO（世界貿易機関）**が設立された。2001年から，WTO貿易交渉の新たな交渉**ドーハ・ラウンド（DR）**が始まった。DRでは，URよりも多くの開発途上国が参加し，発言力が大きくなったことから，ドーハ開発アジェンダとも呼ばれる。DRでは部分的合意は認めず，すべての分野で包括的合意を達成しなければ決着しないという前提で始まった。これに加えて，より多くの国・地域での交渉となった結果，DRの合意は困難な状況となった。URの時代からのアメリカ・EUの対立に加え，食料の大輸出国のオーストラリア等のケアンズ・グループと，大輸入国の日本や韓国，また，中国・インド・ブラジル等の多くの新興国や発展途上国が発言力を増し，利害が大きく対立することになった。農産物の関税以外でも利害の調整は困難となり，DRは2006年7月に交渉中断した。

　以上のように，世界全体でのWTOの交渉では，多くの国の利害が対立し，合意に至るのがきわめて困難な状況であった。一方，少数の国や地域間で交渉する，**FTA（自由貿易協定）**や**EPA（経済連携協定）**が盛んに締結されるようになった。とくに，**TPP（環太平洋パートナーシップ協定）**は，現在，最も日本で注目を集められているEPAと言えよう。TPPは，2006年5月，APEC（アジア太平洋経済協力）加盟国であるシンガポール，ニュージーランド，ブルネイ，チリの4カ国が締結した経済連携協定が原型で，2009年11月にアメリカのオバマ大統領が参加の意向を表明したことからその影響力は大きく高まった。その後，オーストラリア，ペルー，ベトナム，マレーシア，カナダ，メキシコが参加した。関税の完全撤廃を目標に，2016年現在でもなお，協議が進められている。2011年11月に，日本は参加する方針を表明し，日本

で大きな話題となった。2013年7月から日本はTPP交渉に参加をしている。農産物，とくに米は関税が高く，関税率換算で700％以上の関税が課されている。これが削減されると，米作を中心とする農家に大きな打撃を与えることが予想される。

グローバリゼーションの中，**為替レート**も日本農業に大きな影響を与えた。日本は，第二次世界大戦後，1949年からブレトン・ウッズ体制のもと，為替レートは，アメリカドルに対し，1ドル360円の固定相場制が採用された。その後，1960年代に日本の経常収支が黒字に転じ，一方，アメリカの経常収支赤字が顕著になり，貿易摩擦が深刻化することになった。1973年から変動相場制に移行し，その後，大幅に**円高**，ドル安が進行した。また，1985年のプラザ合意以降大幅な円高・ドル安となった。円高が日本農業に与えた影響として，農産物の内外価格差が高くなったことである。それまで，日本農業は不利な土地条件のもと，内外価格差を縮小する努力を絶え間なくしてきたが，大幅な円高により，日本の農産物の内外価格差が顕著になり，国内外から批判を浴びるようになってしまったのである。以上のような直接的原因に加え，内需拡大，経済のグローバル化，経済のストック化，生活の高度化，産業の高度化は農業に圧力を与えることになった（詳しくは，山口〔1994〕を参照されたい）。

4 理論的背景
農業の特殊性

農業政策を考える際に，農業は他の産業とは異なるということを考えることは重要である。そこで，山口（1994）で示されてい

るように,**農業の特殊性**を農産物の**需要面**と**供給面**から考えることにしよう。まずは,需要面から考えることにする。まず,人間の胃袋には限界があることと,**生活必需品**であるという特徴から,農産物の**所得弾力性**は,1よりも小さい。所得弾力性 (ε) は,所得 (E) が1%上昇すると需要 (D) が何%増加するかを示す指標で,$\varepsilon=(\Delta D/D)/(\Delta E/E)$ で示される。一方,非農産物は,所得が増加すると需要が大きく増加する上級財が多い。農産物の所得弾力性が1より小さいために,所得が増加するにつれ,農業のシェアが小さくなるということが生じる。これを,**エンゲルの法則**という。そのため,農工間不均等発展が生じる。

さらに,経済が発展するにつれて,産業の中心が第1次産業から,第2次産業,第3次産業へと移っていく,**ペティ=クラークの法則**が見られる。これは,第1次,第2次,第3次の順に需要の所得弾力性が小さい傾向にあることから生じる。

農産物が必需品であり,胃袋に限界があるということから,農産物需要の所得弾力性だけでなく,**価格弾力性**も小さくなる傾向にある。価格弾力性 (η) とは,価格 (P) が1%上昇すると需要 (D) が何%減少するかを示す指標で,$\eta=-(\Delta D/D)/(\Delta P/P)$ で表す。この結果,農産物の需要曲線の傾きは急になる。その結果,価格が大きく変動したり,**豊作貧乏**という,豊作になるとかえって収入が減少するという事態が起こりうる。この点は,重要であるので,図を用いて説明することにしよう。

豊作になったとき,図7-2のように,供給曲線が,S から S' にシフトし,均衡の価格が OA から OB に低下するが,生産量の需給均衡量の増大 (DF) よりも,はるかに大きく低下する。農業者の収入は,価格に数量を掛けて計算されるが,長方形

図7-2 農業と非農業の需要・供給曲線

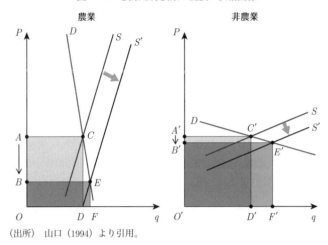

(出所) 山口 (1994) より引用。

$AODC$ から $BOFE$ へと減少する。一方，一般的に非農産物は，価格弾力性が大きく，需要曲線の傾きも緩やかなため，供給が増加すると，収入は $A'O'D'C'$ から $B'O'F'E'$ に増加することになる。

供給面における農業の特殊性は，第1に，農業には，生産要素に土地が重要で，土地を多く使うという性質である。第2に，農産物を生産するのには，長期間を要し，気象条件に大きく影響されるという点である。とくに，台風，干害，寒害等に深刻な影響を受ける。第3に，農業は有機生命体を育てるため，生産工程が自然時間の一定時間に束縛される。つまり，多くの農産物にはそれを生育する適切な季節があるので，その時期に生産を行わなければならないという制約がある。また，生き物であるため，生産工程の前後関係を同時関係に組み替えることができない。その結果，労働や資本（機械）の使用量は年間を通じて一定ではなく，農業の労働生産性や資本生産性は低くなる。第4に，農産物は腐

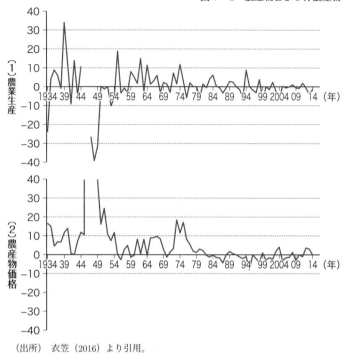

図7-3 農産物および非農産物

(出所) 衣笠 (2016) より引用。

敗しやすいため，生産されたものは，ほとんど在庫されず，価格にかかわらずすぐに出荷される。そのため，農産物供給の価格弾力性も小さくなる。第5に，農家は，通常の経済理論で扱われる，資本家，労働者の両方の性質を持ち，どれか1つだけでは考えられない。よって，通常の経済学の理論が当てはまらず，資本家，労働者の両方を組み合わせた理論（主体均衡）を考える必要がある。

以上の農業の特殊性に関して，実際にデータでどのように観測

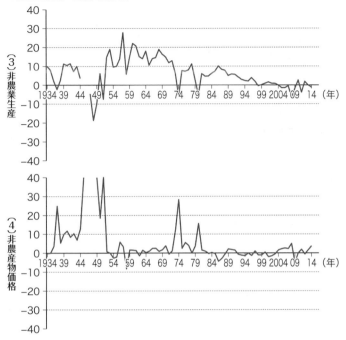

の生産と価格の対前年成長率

できるのかを論じることにしよう。図7-3は日本における農業・非農業の生産，価格の成長率をグラフにしたものである。このグラフを見ると，農業生産の成長率は，非農業生産に比較して，大きく変動していたことがうかがわれる。これは，農業の生産が気象条件に大きく影響されることに起因する部分が大きい。また，農産物価格の成長率も，非農産物価格と比べて変動が大きいことがわかるだろう。この理由として，農産物需要の価格弾力性が小さいため，供給のわずかな変化にも，価格が大幅に変動するとい

う,農業の特殊性を反映していると思われる。

5 農業の非経済的意義

古くから農業は,経済に大きな貢献をすると言われてきた。**農業の経済への貢献**は,山口(1982)に詳述されているように,①食料および原料の供給,②資本の蓄積,③労働力の提供,④農産物輸出による外貨の獲得,⑤非農産物に対する国内市場の提供,の5つがある。一方,農業の非経済的意義は,経済への貢献よりかなり遅れて認識されるようになったが,①公益的機能,②社会的意義,③文化的意義の3つがある。この点は,とくに,山口(1994)で強調されている。

1つめの**公益的機能**は,農地の洪水防止機能,土壌侵食防止機能等,環境保全の機能を多く含んでいる。また,美しい田園の風景は,人々に安らぎを与えるという効果もある。これらの機能が実際にどれくらいであるか,貨幣的価値に換算した試算もある。農林水産省ホームページによると,洪水防止機能に年間3兆4988億円,河川流況安定機能に年間1兆4633億円,保健休養・やすらぎ機能に年間2兆3758億円もの貨幣価値があり,ほかにも,地下水涵養機能,土壌侵食(流出)防止機能,土砂崩壊防止機能,有機性廃棄物分解機能,気候緩和機能に多大な貨幣価値があると試算されている。

2つめの**社会的意義**とは,農業は,棚田や段々畑等のように,中山間地帯でも生産が可能であることによる。非農業は,中山間地域で生産を行うことは,きわめて困難である。このため,農業

には，都市部の人口の過密化を和らげる機能があり，地域間のバランスをとれた発展に寄与してきたと考えらえる。3つめの**文化的意義**は，伝統的な祭りは，農作物の収穫を祝うものが多く，神社や寺も農業起源のものが多いことから，農業は文化の根源ということができるのである。以上のように，農業には多くの経済では計り知れない価値があるが，日本ではその重要性への意識が比較的低いと思われる。

6 おわりに
日本農業の今後の課題

最後に，今後の日本農業の課題として，とくに重要な点について解説する。まず，農業を持続可能な発展させる国際ルールを確立し，農業の**外部効果**を考えると自由化命題は，農業には当てはまらないとTPP等の国際交渉の中で主張することが重要であるだろう。貿易自由化論者が基礎としている自由化命題とは，比較優位のある財に特化して貿易を行うと，経済厚生が向上するというものである。しかし，自由化命題には，山口（1994）で主張されているように，外部性がないこと，生産要素の移動が完全で瞬間にできること，静学的な仮定に基づき長期的な効果を考えていないこと等，農業における重要な特質が考慮されていない。農産物自由化は，望ましい面もあるかもしれないが，農業の外部効果とも言える非経済的意義，すなわち，公益の機能・社会的意義・文化的意義を考慮すると，必ずしもそれが望ましいことではないと言えよう。また，身土不二という仏教に由来する言葉があり，これは，人間の身体と土地は切り離せない関係にあるということ

から,その地でとれたものを食べるのが望ましいという考えもある。日本各地で行われている地産地消活動は,身土不二の考えを反映していると言えよう。さらに,輸入食料の危険性の問題もあり,より安全性を重視した取り扱いが望まれよう。

続いて,平場農場において,大規模農業をできる限り行い,農地の規模を拡大し,少しでも新大陸型農業に近い効率的な農業を行うことが必要であろう。今後,高齢化等で存続が困難だと考えられる農業者は,やる気のある農業者に土地を貸したり売ったりすることを促すことが重要である。2009年からは,改正農地法により,農地利用集積円滑化事業が創設され,農地等の効率的な利用に向け,その集積を促進するため,農地所有者から委託を受け,農地の売買や貸し付けを行う事業が推進された。2014年には,各都道府県に農地中間管理機構が設置され,農地の貸し借りの仲介を行っており,市町村と協力して農地を集積できるように努めている。これと関連して,耕作放棄地を増加させないよう,すでに耕作放棄されている土地では,有効活用する方策を立てることが急務であろう。大規模化を活気づけるためにも,若い農業就業者が増加するよう,担い手づくりにも重点を置く必要があろう。

さらに,日本農業の付加価値を増加させ,競争力をつけることが重要である。グローバリゼーションが進行する中,大幅に保護を増加させることは不可能だろう。そのような状況においては,日本の高品質の農産物をさらに発展させることは重要である。とくに,地方の発展を考える中で,農業は重要な役割を果たしていると思われる。**6次産業化**(農業や水産業などの第1次産業が第2次産業や第3次産業へ業務展開すること)を活発に行うことが,1つの

鍵となるだろう。6次産業化の中で，重要な要素として，都市農村交流がある。都市には，便利な暮らし，農村には安らぎなど異なる魅力があるので，都市と農山漁村を行き交う新たなライフスタイルを広め，都市と農山漁村それぞれに住む人々がお互いの地域の魅力を分かち合う取り組みがそれである。この活動には，農山漁村地域において自然・文化・人々との交流を楽しむ滞在型の余暇活動である，**グリーン・ツーリズム**が含まれている。また，農業の効率化のために，家族農業が中心的である農業から，法人化を活発に行っていくことも課題となろう。2005年度から，農林水産省は，農畜産物の高品質・高付加価値化，低コスト化，認定農業者等担い手の育成・確保，担い手に対する農地利用集積の促進および食品流通の合理化等，地域における生産・経営から流通・消費までの対策を総合的に推進すべく，「強い農業づくり」の支援として，成果目標の高さ等に応じ，対策の実施，指導等に必要な経費について，交付金を支給している。

　一方，日本型**デカップリング**を充実させることも重要である。デカップリングとは，価格政策と所得政策を切り離すことである。現在の日本における国民1人当たり農用地面積は4アール（a）を切っており，規模拡大・効率化にも限度があるが，規模拡大が困難な地域の農業も，農業の非経済的意義を発揮しているため，その重要性を評価する必要がある。日本では，第二次世界大戦後，食管制度のもとで米価は価格政策によって高く設定され，農家は安定した所得を得られた。つまり，価格政策を行うことで所得政策が行われており，価格政策と所得政策が結びついていた。しかし，GATTウルグアイ・ラウンド以降，価格政策は，貿易歪曲的であると批判を浴び，価格政策を推進できるような国際情勢で

はなくなった。そこで、デカップリング政策を行う必要がある。デカップリング政策のもとでは、価格政策は行われなくなるので、農産物の価格は安価になるが、その代わりに、直接支払いの形で所得を補償するというものである。とくに、農業の生産効率は悪いが、非経済的意義の大きいと思われる中山間地域にとって重要である。日本では、食管制度終了後、直接支払いによる所得補償が行われ、2016年現在では、経営所得安定対策という政策がなされている。また、2000年から中山間地域等直接支払制度が実施され、生産条件が不利な地域における農業生産活動を継続するため、国および地方自治体による支払いを行う制度が開始された。今後、中山間地域の高齢化や過疎化を一層重視して、農業の保全に取り組むことが重要視されるだろう。

[衣笠 智子]

練習問題

7-1 日本農業が縮小した要因について説明しなさい。
7-2 農業の特殊性について、需要面と供給面から説明しなさい。
7-3 農地規模拡大や6次産業化推進のために、どのような施策がなされているか調査しなさい。

文献ガイド

(1) 山口三十四（1994）『新しい農業経済論』有斐閣。
- 国際化する食料問題や危機に直面する日本農業の現実をミクロ・マクロ理論を用いて説明しており、農業経済を勉強するのに有用な情報が非常に多く掲載されている。

(2) 荏開津典生・鈴木宣弘（2015）『農業経済学（第4版）』岩波書

店。
- 最近の農業の動向がわかりやすく説明されている。

(3) 山口三十四 (2001)『人口成長と経済発展 ── 少子高齢化と人口爆発の共存』有斐閣。
- 人口と農業は大きく関わりがある。人口の観点から，農業を考えるのに最良の書と言える。

▶ 謝辞

本章作成に当たり，山口三十四教授，中川雅嗣研究員，松尾隆策氏から貴重なコメントをいただいたことを心より御礼申し上げます。本研究はJSPS 科研費 JP26292118 の助成を受けたものです。

第8章

環境政策

1 はじめに
経済学は気候変動問題の解決に寄与できるのか？

持続可能な発展は、「資源や環境を保全し、現在と将来の世代の必要（ニーズ）をともに満たすような発展」と定義される。この持続可能な発展を脅かす環境問題として、多くの国々のリーダーたちが最優先課題として挙げるものは、気候変動問題（地球温暖化問題）であろう。

21世紀の終わりまでに地球温暖化を抑制することができなければ、洪水や異常気象などの危険性が高くなることが警告されている。この問題に関しては1980年代末から大規模な国際会議が毎年のように繰り返し開かれてきた。そしてついに21世紀の気候変動防止のための国際的な取り組みの基礎となる**「パリ協定」**が、2015年12月12日、フランスのパリで開催された国際会議（国連気候変動枠組条約第21回締約国会議：COP21）で採択された。気候変動問題に対処するための、法的拘束力のある国際条約とし

170 　第Ⅱ部　経済政策の実際

ては，1997年の京都議定書以来18年ぶりに合意されたものであった（高村，2016）。

合意までにこれほどの時間が必要とされたのは，とりわけ，気候変動の発生と防止の責任に関する，先進国と途上国の間の対立が激しかったためである。これは，「現在世代の必要(ニーズ)」をめぐる対立の一例である。だが，COP21では，中国やインドをはじめとする途上国も，国際社会の一員として，「将来世代の必要」を損なわぬよう，気候変動防止のための長期的な目標やビジョンに合意した。工業化前に比べ，世界の平均気温の上昇分を，2℃を十分に下回る水準に抑制し，1.5℃以内に抑えるよう努力し，今世紀後半には温室効果ガスの人為的排出と人為的吸収を均衡させることを目指す，というのである。

人為的な気候変動の原因とされる温室効果ガスのうち，主なものは二酸化炭素である。これは，世界の経済活動のあらゆる分野で，化石燃料（石炭・石油・天然ガス）を燃焼することから発生するため，これを抑制しようとすれば，まさに産業活動のあらゆる分野が影響を受けざるをえない。最小限の負担で最大限の排出削減を実現するには，どうすればよいのか。まさにこの種の問題に取り組むためには，経済学の知識が不可欠である。

気候変動政策の経済的手段

先述のパリ協定は重要な一歩であるが，それは世界の温室効果ガス排出量を劇的に減らさなければならないという要請を，ただちに達成しうるものではない。なぜなら，この協定が各国に求め

ている行動は,自ら排出削減目標を決めて,できる範囲の政策を自ら導入することにとどまるためである。ヨーロッパ諸国など,一部の国々は先進的な政策手段を導入しつつあるが,アメリカをはじめとする主要排出国が実効性のある排出削減策を実施する保証はない。

一部の産業だけでなく,交通や家庭も含めたすべてのセクターで二酸化炭素が排出されているため,排出削減の実効性のある政策措置は国民経済や市民生活への影響が懸念され,政治的な抵抗も強く,導入が進まない。排出源が一部の産業の巨大施設に限られるならば,直接的に排出削減を義務づける規制(**直接規制**)も可能であろうが,無数の自動車や家庭を監視することは現実的ではない。他方,政治的な抵抗の少ない補助金は日本でもエコカー減税やエコポイント制度などさまざまに導入されてきたが,その実効性は定かではない。

経済学の立場からは,気候変動の防止に対しては,炭素税や排出枠取引制度を用いて二酸化炭素の排出というバッズ(負の財)に価格づけをする政策,すなわち**カーボン・プライシング**が,最も実効性ある施策として提言されている。これは,特別な税の収入を温暖化対策の補助金に使うというものではなく,価格の引き上げによってエネルギー消費量を抑えることが眼目である。後に見るように,これらの「経済的手法」こそが,経済学的な意味での**効率性**(一定量の排出削減を,社会全体の削減費用を最小化しつつ達成すること)を実現しうるものである。もちろん,エネルギー価格は低所得者の生活により大きく影響するので,負担の**公平性**の観点から制度設計や負担軽減策に配慮する必要がある。

カーボン・プライシングは,国際的な規模で実施されれば,莫

大な額のお金のやりとりを生じさせて国家間の利害対立を深める可能性があるほか，国内規模で実施される場合であっても，国民に負担を求めることで国内政治に大きな影響を及ぼすことになるため，ほとんどの国で敬遠されてきた。1997 年の京都議定書締結の舞台となった日本では，産業界の抵抗によって，いまだに実効性のあるカーボン・プライシングが実現できていない。2012 年から「地球温暖化対策のための税」が導入されたが，税率は CO_2 トン当たり 289 円と低い（ガソリン価格への影響は 1 リットル当たりわずか 1 円にも満たない）。他方，スウェーデンをはじめとするヨーロッパ諸国では相当程度の税率の炭素税が早くから導入されている。近年では，メキシコや南アフリカも炭素税の導入を決めている。また，排出枠取引制度は，欧州連合（EU）の全加盟国をカバーする先駆的かつ大規模な欧州排出枠取引制度（EU-ETS）が 2005 年から実施されているほか，中国でも近年，地方レベルで試行的に実施されている。アメリカでは，気候変動政策の強化を公約したオバマ政権のもとでも，連邦レベルのカーボン・プライシングは実現しなかったが，州レベルでは排出枠取引制度を導入したところもある（Kossoy *et al.*, 2015）。ただし，いずれの例でも排出枠価格の低さが課題である。今後は，いかに実効性のある形で，これらの施策を世界に広めてゆくことができるかが問われている。

「公共財」としての環境対策

私たち人類は産業活動を通じて，膨大なエネルギー資源を消費

し，温室効果ガスや放射性廃棄物を発生させるとともに，有害な汚染物質や廃棄物を増やし続けてきた。人類は地球上の土地・大気・海洋のすべてを排気ガスや汚水の捨て場にしてしまう勢いである。現在の限られた科学的知識でも，これらの行為がいずれ人類に悲劇的な形で跳ね返ってくることが予想されるのに，なぜ人間は思いとどまろうとしないのか。

本節では若干さめた視点から，このような環境資源の破壊の原因を，外部性，公共財，そして「コモンズ」という3つのキーワードで解釈する。これらは内容的には密接に関連するものだが，区別して理解する方がわかりやすい。外部性については3-3項で扱うこととし，3-1項では「コモンズ」，3-2項では公共財の側面を理解しよう。

3-1 環境資源と「コモンズの悲劇」

「海の幸の恵みを与えてくれる漁場は誰のものか？」「木材だけでなく貴重な動植物をたくわえた森林は誰のものか？」「家畜を放牧できる天然の草原は誰のものか？」「大気圏は誰のものか？」。

一般的にこれらの環境資源は，誰のものでもない「**コモンズ**(共有資源)」と呼ばれる。あるいは，管理者がおらず誰でも自由に立ち入って利用できる資源という意味で，「オープン・アクセス資源」とも呼ばれる。

複数の人々が同じ環境資源を利用する場合，誰かが資源を採れば，他の人の得られる資源は減少する。木材や動植物などの「再生可能資源」の場合は，採りすぎなければいずれ資源が回復するが，短期間に大量に採取すると回復困難になる。また，金属資源や化石燃料などの「再生不能資源」の場合，誰かが一定量を採取

すれば,他の人々に残された量は同量だけ減少する。気候変動問題においては,温室効果ガスの捨て場としての大気圏を,有限なコモンズとみなすことができる。

　人々が見知らぬ他人同士の場合,それぞれが思い思いに好きなだけ資源を採取するなら,全体的に見れば採りすぎにつながる。人口が増加し,資源採取技術が発達すればするほど,森林はほとんど伐採され,漁場は荒廃し,貴重な動植物は絶滅の危機に瀕することになる。そのうえ,自分が先に多く採らなければ,他の人が多く採ってしまい自分の取り分がなくなってしまうと人々が恐れれば,資源の枯渇はさらに加速するだろう。逆に,採りすぎはよくないと考えて,一部の人が資源採取を自発的に減らしても,それ以外の人々が多く採るならば枯渇は避けられない。このように,誰のものでもない環境資源,すなわち「コモンズ」は,人々が思い思いに利用すれば荒廃する傾向にある。これを「**コモンズの悲劇**」という。気候変動問題も,すべての国々が協力しない限り問題は解決しないため,経済的な負担を嫌って排出削減のための政策を実施しない国が多い。これもまさにコモンズの悲劇の一例である。

　環境資源の荒廃を防ぐためには管理が必要である。いかなる管理が行われるかに比べれば,誰が所有しているかはそれほど重要ではない。私有制でも,国有制でも,村落共同体による所有でも,あるいは所有者が誰もいなくても,地球規模の共有資源であっても,重要なのは管理,すなわち利用のルールである。

　コモンズの悲劇を回避する策としてしばしば提起されるのは,私有制に基づく独占的管理である。一定領域の森林や漁場の独占的所有者は,そこから得られる自分の利益を長期的に最大化する

ように,適切に管理するはずだという議論である。しかしこの方法には問題がある。第1に,一部の人に所有権を与えることは,他の人々を排除することになるため公平性の問題が生じる。第2に,所有者にとって,私有地の自然を守るよりも,開発して汚染をもたらす工場などを運営する方が,金銭的利益が大きい場合もあり,私有制は環境保護にとって万能ではない。第3に,森林などはまだしも,河川や大気など,そもそも個人が所有することが困難な環境資源も少なくない。

むしろ,共同体による管理や政府による規制の方が一般的な管理方法である。大気汚染物質の排出規制も大気という「コモンズ」に対して政府が行う管理である。また,地域規模の「コモンズ」については,漁場では一定の時期だけに漁を認めるルールが現在も各国各地で見られるし,森林などは伝統社会でも共同管理され人々の勝手な利用が制限されていた。

しかし,共同体の規模が大きくなったり,外部者が侵入するなどして監視・処罰の機能が十分に働かないと「コモンズ」の維持は難しくなる。また,工業化・巨大開発・戦乱など急速な社会変化に伴って国や共同体が解体されると,コモンズには劇的な危機が生じる。地球規模のコモンズである大気や海洋は,多数の国民国家を超えて,その管理を司る権威ある国際機関が存在しないので,最も保護が困難な資源と言える。

3-2 公共財として環境資源や環境対策を捉える

ここからはモノとサービスをあわせて財と呼ぶ。私たちはさまざまな場所で,さまざまな売り手から,さまざまな財を買うことができる。しかし,一般に**公共財**と呼ばれる財(道路や公園,治

安・消防サービスなど）を，私たちが民間企業から購入する機会は少ない。ただし，経済学における公共財は，政府が公共的に供給する財という意味では・ない・。第 5 章でも述べたように，経済学では公共財を，非排除性（対価を支払わない人を排除することができない）と，非競合性（誰かが使用しても無くならず，別の誰かが同様に使用できる，すなわち取り合いにならない）という 2 つの性質を備えた財と定義している。

これが環境問題にどのように関係するのだろうか。健全な環境資源（大気・水源・森林など）は上述の定義から見て，まさに公共財であり，逆に，環境破壊はマイナスの公共財であると捉えることができる。さらに言えば，汚染された環境を回復する事業や，汚染物質の排出を抑える措置も，公共財を供給する行為と言える。

公共財の非排除性は，誰かが費用を負担して供給したものの恩恵を，別の人が無償で享受できることを意味する。一見これは好ましい性質のようだが，まさにこれが「ただ乗り問題」あるいは**「フリーライダー問題」**という厄介な問題をもたらす。ただ乗りが可能な財は，自由放任の経済のもとで十分に供給されない。人々の自発的な行為によって，環境保護が十分に行われないのは，この性質のためである。

村落共同体レベルで管理できる規模の環境資源であれば，自発的な保護のルールが作られ，これが長期にわたって維持されうる。しかし，こうした村落共同体の機能が損なわれたり，環境資源の規模や，共同体の人数が大きくなれば，自発的保護は困難となる。現在の社会では，政府（国や地方自治体）が政策的介入を行い，税金などを通じて経費を集め，公害対策や環境回復事業など，公共財としてのさまざまな環境対策を実施している。この場合も，各

国の領土・領海に含まれる資源であれば自国内の政府で管理が可能であるが、大気や公海などの資源は、国際的な協力やルールづくりが必要となり、問題は一層難しくなる。地球温暖化問題の解決の難しさは、「地球公共財」という問題の難しさの反映である。

3-3 エネルギー消費と外部性

石油や電力などのエネルギー源は、現在の工業社会を維持するのに不可欠な生産要素であるとともに、文化的な生活に必須の消費財である。地球温暖化問題との関連から、石油・石炭などの化石燃料が環境負荷財として強く認識されるようになっているが、エネルギー消費に伴う環境問題は温暖化問題に限らない。この項ではエネルギーと環境の関わりを、「**外部性**」というキーワードで読み解いてみたい。

太古より人類は樹木を用いて火を焚いていたが、金属文明の発達が薪炭の需要を急増させ、森林破壊を加速させた例が世界各地で見られる。産業革命を通じて石炭が大量消費されるようになったが、これが各国の町の風景を黒く変色させた。これは最近まで続き、ロンドンで4000人規模の死者を出したスモッグ事件が起きたのは、つい半世紀ちょっと前の1952年であった。

20世紀になって石油がエネルギー源の中心を占めるようになるが、石油は四日市ぜんそく（1960年頃）などの公害事件のほか、数多くのタンカー事故や、2010年のメキシコ湾原油流出事故などにより、海洋汚染を引き起こしており、問題がないとは言えない。

原子力発電は事故によって放射性物質が外部に放出される潜在的危険性を備えている。1986年に旧ソ連で発生したチェルノブ

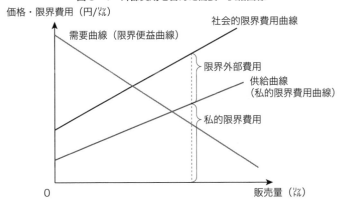

図8-1 外部費用を含んだ需要・供給曲線

イリ原発事故では、原子炉の爆発によって大量の放射性物質が放出され、数万から数十万人規模のガン死者が発生するとの見積もりもある。日本でもそれに次ぐ規模の大事故が2011年に福島第一原発で発生した。また、事故がなくても恒久的管理が必要な放射性廃棄物の問題は未解決である。

石油、石炭、天然ガス、電力などは、それを用いる人々に多大な便益をもたらすが、上述のように、副産物としてさまざまな形で環境を悪化させる。これがいわゆる「**外部不経済**」である。外部不経済をもたらす財は一般に、売り買いに直接関係する供給者と需要者以外に、汚染物質の排出などを通じて他の人々や自然環境に被害を及ぼす。これが、「市場を介さずに第三者に費用が発生した」という解釈のもと、外部不経済と呼ばれているのである。また、第三者が負担を強いられた費用、すなわち環境改善費、農業・漁業生産等の減少、健康被害の治療費、精神的苦痛などのもろもろの費用を、金額的に把握しうるならば、これを「**外部費**

表8-1 化石燃料による発電の外部費用に関する研究レビュー

研究機関，プロジェクト，研究者名	評価内容	評価対象期間	外部費用総額（億ドル）	外部費用単価（米セント/kWh）
欧州エネルギー外部性研究（ExternE）	EU内の石炭・石油・ガス火力発電の加重平均	2001	33-59	2.2-3.9
Owen	EU内の石炭・石油・ガス火力発電の加重平均	2004	48	3.2
欧州環境機関（EEA）	EU15の石炭・褐炭火力	2001	23-42	3.3-5.9
欧州環境機関（EEA）	EU15の石油・ガス火力	2001	11-20	1.3-2.4
Badcock and Menzen	世界の石炭火力発電	2007	227-1890	2.9-23.8
オーストラリア科学技術工学アカデミー（ATSE）	豪州の褐炭火力発電	NA	NA	4.3
オーストラリア科学技術工学アカデミー（ATSE）	豪州のガス火力発電	NA	NA	1.6
米国原子力規制委員会（NRC）	米国の石炭火力発電	2005	89-280	4.2-13.2
米国原子力規制委員会（NRC）	米国のガス火力発電	2005	6-47	0.7-5.2

(注) 参考までに，2005年頃の米国の電力価格は産業用で約5.7米セント/kWh，家庭用で9.5米セント/kWh程度であった。欧州の代表値としては，ドイツの電力価格が2005年に産業用で8.4米セント/kWh，家庭用で21.2米セント/kWh程度であった（EDMC, 2016）。
(出所) Kiston *et al.* (2011), Table 4.1より作成。

用」と呼ぶことができる。財を追加的に1単位（たとえばガソリンならさらに1リットル）消費することによって，追加的に発生する外部費用のことを「限界外部費用」という。

限界外部費用曲線がイメージできれば，おなじみの需要・供給曲線の図式で，これを取り扱うことができる（図8-1参照）。限界外部費用曲線を供給曲線（私的限界費用曲線）に上乗せした社会的限界費用曲線を用いれば，ある財の市場（ここではガソリン市場）において，環境被害も考慮したうえで総余剰（＝消費者余剰＋生産者余剰－外部費用）を最大化する販売量が決まる（第5章も参

表 8-2 化石燃料・原子力・再生可能エネルギーに対する補助金に関するレビュー

		補助金単価 (米セント/kWh)	2009年発電量 (TWh)	備考
化石燃料	政策支援＋R&D 外部費用	0.1-0.7 0.7-23.8	12,900	・推定に幅があるのは評価範囲と方法論の違いによる。 ・あらゆる国・発電技術に適用できるわけではない。
原子力	政策支援＋R&D 外部費用	0.5-11.6 0.2-1.2	2600	
再生可能 エネルギー	政策支援＋R&D 外部費用	1.7-15.4 0.2-3.2	500（除水力） 3600（含水力）	

(出所) Kiston *et al.* (2011), Table 6.2 より作成。

照)。

　外部費用は文字どおり市場取引の外にあるため，金額化することが容易ではないが，計算がまったく不可能というわけではない。以下では，電力生産に伴う外部費用の試算の例を紹介しよう。表8-1は化石燃料による発電の外部費用研究のレビューである。これらの外部費用に含まれるのは，健康被害，動植物への環境毒性，酸性雨，富栄養化，地球温暖化などの環境影響などである。一定の地理的領域を想定し，こうした外部不経済を可能な限り金額化し，総発電量で割り算することによって，外部費用の単価（米セント/kWh）を求めている。これは，発電技術別の限界外部費用の代理指標として用いることができる。

　表8-2は，化石燃料・原子力・再生可能エネルギーに対する補助金に関する一覧表である（補助金単価を示したセルの下段が外部費用単価に相当する）。この表をまとめた研究者は，環境負荷をもたらすエネルギー源の外部費用を政府が無視することは，補助金を与えているも同然である，という立場にたっている（なぜなら，環境にやさしいエネルギー源が競争上不利になるためである）。

　この表ではとくに，原子力発電の外部費用の幅の意味に注目し

てほしい。これは，大事故のリスクを含めるか，含めるならばどのように扱うかによって大きく違ってくるためである。実際，原子力発電所の大事故は発生確率が小さい（歴史的経験も少ない）のに対し，被害額は巨額となる。被害総額の見積もりは，研究者による違いがそれほど大きくないが，大事故発生確率（原子炉1基当たり何年に一度大事故が起こるか）は何桁もの見解の相違がある。つまり，原子力発電のリスクをキロワット時当たりの外部費用に適切に換算することは難しいのである。

4 環境政策手段

　外部費用を伴う経済活動を制限したり，持続可能な社会の実現のために資源の消費量を抑制する必要がある場合，なんらかの目標設定と政策手段が必要となる。有益性と有害性が共存するエネルギー源の市場について考えよう。

　図8-2には，需要曲線，供給曲線に加え，外部費用を上乗せした社会的限界費用曲線が描かれている（参考：Fullerton, 2001）。外部費用を差し引いたうえでの総余剰の最大化（領域 $a+c$）を実現しようとすれば，図8-2の需要曲線と社会的限界費用曲線の交点から最適な販売量（Q_1）が得られる。この最適性は，純便益を重視する「**費用便益基準**」に基づいて判断したものである。この点より左では，限界便益が社会的限界費用を下回っているため，Q_1 まで販売量を増加させてゆくことは総余剰を最大化させるために意味があり，外部費用（領域 d）の発生は必要な犠牲として容認しうる。しかし，Q_1 より右では社会的限界費用が限界便益

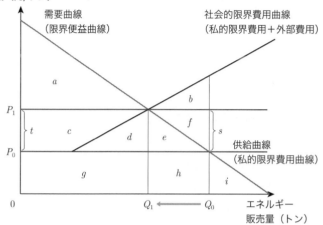

図8-2 外部費用の内部化

を下回っているため,生産に伴う犠牲が便益より大きく,販売量の増加は総余剰を減らしてしまう。この意味で,市場で外部費用を度外視して決定される販売量 Q_0 はすでに過剰であり,大きな外部費用をもたらしている(領域 $b+d+e+f$)。経済主体に外部費用を認識させる政策をとり,最適な販売量 Q_1 を実現することを「外部費用の**内部化**」という。

多くの場合,外部費用は未知で,取り返しのつかない深刻な被害として発生する可能性がある(言い換えれば,真の外部費用曲線はもっと高いところにあるかもしれない)ため,費用便益基準ではなく,いわゆる予防原則にしたがって,深刻な潜在的危険性をはらむ物質の排出や使用を,外部費用のまったく発生しない一定水準以下に制限する(あるいはゼロにする)「**絶対基準**」や,費用との妥協のもとでやや厳しい基準を定める「**安全最小基準**」の方が適

切な場合も多い（天野，1997，17頁）。

いずれの基準に基づいて目標（ここでは販売量の上限）が設定される場合にも，目的と効果をふまえつつ適切な政策手段を選ぶ必要がある。以下で，政策手段を評価する際に必要な考え方を論じる。

4-1 環境政策手段の機能と特徴

ここでは環境政策手段として，(1)統制的手段（直接規制），(2)環境税，(3)許可証取引，(4)補助金，の4つの政策手段を挙げ，その機能と特徴を理論的に説明したうえ，長所と短所を比較する枠組みを示す。上述の3つの基準のいずれを採用しても，議論に大きな違いは生じないので，以下では「費用便益基準」（生産量 Q_1）を評価基準としたうえで説明していく。

これらの手段の中でも，環境税と許可証取引は市場整合的なものと位置づけることができる。これらの手段を比較する際の基本的な基準はいくつもあるが，ここでは資源配分の**効率性**，負担分配の**公平性**，**行政費用**の大小，の3点に絞って論じる。

(1) 統制的手段（直接規制，コマンド&コントロール）

ここで想定する**統制的手段**では，政府当局が需要・供給曲線と外部費用の見積もりに基づいて，ある有害な化学物質の販売量を Q_1 に制限する命令を出す（図8-2参照）。この化学物質を複数の企業が生産している場合には，それぞれの企業に対して，販売量の上限を定め，上限を超える販売を行った企業に罰則を適用するものとする。

この方法は，即効性があり，チェックさえ適切に行われれば市場全体の販売量の上限は必ず守られるであろう。その半面，企業

ごとに上限を決めることは(よほどうまく各企業の情報を集めて適切に割り当てない限り)効率的でない可能性が高い。結果的に,各社の限界費用(限界外部費用を含む)に違いが生まれ,財生産の限界費用の低い(効率のよい)企業が販売量を増やせず,全体として費用が高くなり資源配分の効率性が損なわれやすい。

負担の分配については,企業間および企業・消費者間の観点で分けて見る必要がある。まず企業間では,与えられた販売上限の大きな企業ほど有利となる。従来の実績から上限が決められると,既存販売シェアの大きな企業ほど上限が大きくなると考えられるので,小規模供給者および新規参入者にとって不公平な結果になるおそれがある。

企業・消費者間では,販売量の上限設定に伴って,需要曲線に沿って価格が引き上げられるか,据え置きが義務づけられるかによって異なる。需要を抑制するために市場原理が働くならば,価格は P_0 から P_1 まで上昇し,消費者余剰が大幅に減少する(領域 $c+d+e$)半面,企業側には不労所得(レント:領域 $c+d$)が生じる。環境への配慮が目的とはいえ,販売制限はカルテルと同じであり,消費者を犠牲にして生産者が利潤を増やす結果となる。他方,価格規制を行って値上げを禁止するならば,企業と消費者の間で余剰の取り合いはなくなり,負担を分け合うことになるであろう(消費者余剰の減少は領域 e。説明の便宜上,供給曲線を水平に描いているため,この図では生産者余剰が明示されないことに注意)。ただし,一部の消費者は価格 P_0 で買いたくても買えなくなることに注意する必要がある。

行政費用の点では,統制的手段は個別企業の販売量を事後的にチェックし,必要に応じて罰則を適用するなど,さまざまな行政

費用が必要となる。企業が多数の場合には、統制的手段を実施することは膨大な費用を要するため、たとえば中小企業を適用除外にするなど、規制の効果を損なう措置が必要となる可能性がある。

(2) **環境税（環境賦課金）**

環境への悪影響が問題とされる財に対し、**環境税**を課し、価格を引き上げることによっても、販売量を抑制することができる。費用便益基準に基づく最適生産量、すなわち総余剰を最大化する生産量（Q_1）を実現するために、この点における限界外部費用に相当する税率 t（円/トン）の物品税を課す政策手段を**ピグー税**という（ちなみに、Q_1 以外の販売量を目標にする環境税は一般にピグー税とは呼ばれない）。

図 8-2 は、税率 t のピグー税によって価格が P_1 に上昇し、その結果需要量が Q_1 まで自動的に減少するさまを示している。税率が適切ならば販売量抑制の目標は確実に達成されるが、需要曲線の見積もりが誤っていれば、販売量は結果的に Q_1 の水準からはずれてしまう。

資源配分の効率性の観点からは、この政策手段はすべての企業の社会的限界費用を均等化させるため、きわめて有効である。企業個別の上限を定めるわけでないから、それぞれの企業は需要を満たすべく自由に販売量を調整できる。政府は市場全体の販売量さえ把握できれば、あとは個別企業の販売量のチェックを必要としない。つまり行政費用が小さく、中小企業に対しても問題なく適用できる。

負担分配の公平性について、若干詳細に検討しよう。まず、企業・消費者間の負担分配であるが、価格上昇によって消費者余剰は大幅に減少し（領域 $c+d+e$）、生産者も需要減少によって売上

を減らす。その一方で、政府には物品税の税収が入る（領域 $c+d$）。価格規制の伴わない（値上げを伴う）販売制限措置では、この税収に相当する部分はそっくり企業の不労所得となったが、政府に入った税収は政府の判断に基づいて経済に還元することが可能であり、負担の公平性は、税収がどのように活用されるかによって変わってくる。

企業間の負担分配はもう少し複雑である。販売量の減少に伴う収入の損失については、販売量の減少幅が大きい企業ほど（主に財生産の限界費用が高い企業ほど）大きくなるであろう。しかし、これは市場のはたらきの結果であり、統制的手段のように政府の割当によって決まったものではないため、不公平性としては顕在化しにくい。他方、物品税の負担額で見た場合には、結果的に販売量の大きい企業ほど税負担が大きくなるため、**汚染者負担原則**の観点から見れば公平であると言える。

(3) 許可証取引（排出枠取引）

ここではエネルギー源販売に関する**許可証取引**について考えよう。この仕組みは、統制的手段と同様に全企業の総販売量の上限（Q_1）を定めた後、この上限の販売総量に相当する販売許可証を各企業に割り当てて、企業間での取引を認めるものである（図8-2参照）。このような措置は実際には、たとえば温室効果ガスの抑制のための「炭素排出枠取引」の一種としてしばしば提案される。家庭などの燃料消費者レベルで排出削減を義務づけ、排出許可証の売買を認めるよりも、燃料販売者レベルで販売許可証を取引する方が、行政費用が安いと考えられるためである。

この制度のもとでは、各企業は保有する許可証が許容する量以上を販売できないが、販売を増やそうと思えば他の企業から許可

証を購入すればよい。販売総量が Q_1 ならば，取引の結果として理論的には，排出許可証価格はちょうど環境税の場合の税率 t（円/トン）と等しくなる。つまり環境税と同様に，消費者は燃料価格の上昇によって需要を抑制するのである。各企業に対する，許可証と販売量のチェックが適切に行えるならば，統制的手段と同様に確実に目標が達成できる。

許可証取引の資源配分上の効率性は，各企業に対する統制的手段よりも優れている。利益を増やすために販売量を増やしたい（限界費用の低い）企業は，販売量を減らそうとしている（限界費用の高い）企業から許可証を買い集めるなどして，販売量の上限を調整できるためである。

負担分配の公平性は，許可証がどのような方法で初期配分されるかによって大きく変わってくる。初期配分の方法には大きく分けてオークション方式とグランドファザリング方式（既得権方式の意）がある。オークションでは，政府が販売量 Q_1 に相当する許可証をせりにかけ，競売で決まった価格で各企業が必要なだけ購入する。他方，グランドファザリングは既存企業の販売実績などに応じて無償で許可証を割り当てるものである。

企業と消費者間の負担分配で見れば，オークションの場合には環境税とほぼ同じものとなり，政府にオークション収入が入る（企業は不労所得を得られない）が，グランドファザリングの場合には，統制的手段とほぼ同様の結果となり，価格規制が行われなければ，消費者を犠牲に企業が不労所得を増やす結果につながる。

企業間の負担分配も，オークションの場合には環境税とほぼ同じものとなろう。販売量を大きくしたい企業ほど，許可証をたくさん政府から購入する必要があるため，いわゆる汚染者負担原則

にてらせば公平である。ただし，有力な企業が許可証を買い占め，他企業を排除するなどの行為が行われるおそれがあるので，適切な防止策を用意しておく必要がある。グランドファザリングの場合には，最初に割り当てられた許可証を売って対価を得ることができるため，実績に基づく割当の結果として生じる不公平は，統制的手段よりも大きくなる可能性がある。

この手法は，統制的手段と同様に適切なチェックのための行政費用がかかり，少数の大企業を対象としたものしか実施できない可能性が高い。一方で，企業数が多いほど，許可証取引市場がうまく機能するであろうから，行政上の理由で企業数が限られることになれば，この制度のメリットは発揮しにくくなる。

(4) 補 助 金

販売量を Q_0 から Q_1 に抑制するために，**補助金**を活用することも不可能ではない（図8-2参照）。各企業の現状の販売量を上限とし，ここから販売量を1トン減らすごとに補助金率 s（円/トン）で補助金を与えることとすれば，各企業は喜んで減産に応じるであろう。減産の結果，消費者から見れば，この場合にも値上げによって節約が強いられる。すなわち，販売量が減少するにつれて，市場原理にゆだねれば価格は P_1 まで上昇してゆく。販売量がちょうど Q_1 の点で削減が終わるのは，ここより左では限界利益が補助金率より高く，これ以上販売量を減らすことは企業にとって得策ではないためである。すべての企業が個別に同様の判断をするため，各企業の限界収入と社会的限界費用は均等化し，資源配分の効率性は達成できる。この点では，この補助金と環境税の働きはよく似ている（このため，このような補助金をピグー補助金と呼ぶ）。

表8-3 環境政策手段の比較

	削減目標達成	配分効率性	分配公平性	行政費用
統制的手段	確実	上限量の割当が適切なら達成できる	上限量の割当が適切でなければ不公平となる	個別企業のチェックが必要なため大
環境税（ピグー税）	税率が適切なら達成できる	自然に達成できる	汚染者負担原則に基づく公平性の側面あり	個別企業のチェックが不要なため小
許可証取引 a) オークション b) グランドファザリング	a) 確実 b) 確実	両者とも自然に達成できる	a) 環境税と同様 b) 統制的手段より悪い可能性	個別企業のチェックが必要なため大
補助金（ピグー補助金）	補助金率が適切なら達成できる	自然に達成できる	統制的手段より悪い可能性	個別企業のチェックが必要なため大

しかしこの場合，負担分配上の効果は統制的手段や許可証取引に比べても，著しく不公平となる。まず，企業は補助金収入（領域 $e+f$）に加えて，不労所得（領域 $c+d$）を得る。他方，消費者余剰は大幅に減少する（領域 $c+d+e$）。負担はこれだけではない。企業に与えた補助金は，ほかの所から課税によって調達する必要がある。これが消費税などの増税につながれば，消費者の負担はさらに大きくなるし，税による超過負担が発生して経済の効率性が低くなるおそれがある。

このような補助金は，個別企業に上限と実績販売量の差に基づいて与えられるから，統制的手段と同様の行政費用がかかるであろう。また，企業間の負担の公平性で見ても，最初に決めた上限販売量に基づいて補助金が与えられるので，上限販売量の割当しだいできわめて不公平な結果となる。

4-2 環境政策手段の比較

 以上のように,各手法にはそれぞれの特徴と長所・短所がある。ここまでの議論を表 8-3 にまとめておこう。これに基づけば,いくつかの点で環境税が優れていることがわかる。ただし,きわめて毒性が高く,緊急に販売量を抑制あるいは禁止せねばならないような物質に関しては,環境税では相当に高い税率を課さない限り効果が現れないし,そのような税を現実に設定することは困難かもしれない。その場合には,統制的手段や許可証取引を導入することも必要となろう。補助金は全般的に見れば問題が大きいため,他の政策手段を緊急に導入する必要があるときに,企業などの過大な負担を緩和する必要がある場合など,限定的に用いるにとどめるべきである。

5 おわりに

 本章では,気候変動防止に関する世界的な取り組みを概観し,このような環境問題を防止するための経済的仕組みについて,コモンズの悲劇,公共財,外部性の観点から標準的な理論を用いて説明してきた。気候変動対策や公害防止,貴重な資源保護のための政策措置については,ある程度の輪郭を示すことができたと思う。

 環境政策手段の設計と,政策効果の評価に際しては,いまや経済学の知見は不可欠である。また,政策手段に関しても,環境改善目標達成の確実性,資源配分の効率性,負担の分配の公平性,行政費用といった基準に基づいて,メリット・デメリットを評価

する必要がある。その評価の結果,やはり経済的手法(環境税や許可証取引)は資源配分の効率性をはじめ,いくつかの観点から他の政策手段と比べても優れていると評価できる。ただ,効率性(環境政策目標を最小の費用で達成すること)だけでなく,公平性(たとえば低所得層の負担が過大とならないか)など,別の政策目的を考慮せねばならない場合には,複数の政策手段の導入が必要となる場合もある。場合によっては,政策目的の数と同程度の政策手段が必要となるかもしれない。

　環境税や許可証取引などの市場整合的な環境政策手段は,環境負荷の抑制や資源の保全のために,市場で取引される財の価格を適正化することにつながる。これらがあらゆる環境資源に対して十分に導入されれば,私たちは土地や株,預金などの「価値の明らかな」資産だけでなく,森林,大気,水などの資源をも貴重な財産として取り扱うことになるだろう。もちろん,環境を経済的な「財」として扱うことは,それだけで「持続可能な発展」という目標の達成を保証してくれるものではない。しかし,経済学的なアプローチなくして,私たちはこの目標に,一歩も近づくことはできないであろう。

[朴　勝俊]

練習問題

8-1　カーボン・プライシングについて説明しなさい。

8-2　地球規模の環境問題の解決が困難な理由について,公共財および「コモンズの悲劇」の概念を用いて説明しなさい。

8-3　ピグー税が総余剰を最大化する仕組みについて図解し,説明しなさい。

8-4 汚染排出削減のための4つの環境政策手段（統制的手段，環境税，許可証取引，補助金）について，利害得失を比較する評価尺度を4つ決め，比較する表を作りなさい。

文献ガイド

(1) 朴勝俊 (2009)『環境税制改革の「二重の配当」』晃洋書房。
- 環境税を中心テーマとして，基礎的な理論から応用的なモデル分析まで紹介した，環境経済学の平易な入門書である。

(2) 除本理史・大島堅一・上園昌武 (2010)『環境の政治経済学』ミネルヴァ書房。
- 本章で十分に扱えなかった「政府の失敗」の問題や，国際的に広がる公害問題，軍事活動による環境問題等について事例に基づく丁寧な説明がなされている一冊。

(3) 日本エネルギー経済研究所計量分析ユニット編 (2011)『図解エネルギー・経済データの読み方入門（改訂3版）』省エネルギーセンター。
- エネルギー問題や地球温暖化問題について定量的な分析に挑戦したい読者にとっての最良の手引き。

第9章 労働政策

1 はじめに
労働市場の変容と新たな政策課題

　日本では,学校教育を修了後,多くの人が仕事を得てそれぞれの生活を営んでいる。労働者は労働サービスを提供して企業の生産に貢献し,企業はその対価として賃金を支払う。これは,一般的な財やサービスを取引する売り手と買い手の市場と同様の構造であり,労働者と企業が労働サービスの取引を行う場のことを「労働市場」と呼んでいる。

　従来,日本の労働市場には,諸外国と比べていくつかの特徴が指摘されてきた。その1つが,大企業の男性正社員を中心として,労働者と企業の間に長期的な雇用関係が見られる点である。また,そうした労働者の賃金は,同一の企業で勤続を重ねるにつれて上昇する「年功賃金」という傾向があり,その背後には,長期の雇用関係を前提として,労働者が各企業内で固有の知識や技能を身につける「企業内訓練」の存在が指摘されてきた。さらに,こう

した正社員雇用の入り口が，新たに学校を卒業する新卒時点の若者に集中する「新卒一括採用」も日本の特徴とされてきた。これらの日本の労働市場の特徴は，未熟練な若年労働者に対して学校から職業生活へのスムーズな移行と訓練の機会を保障し，また，不況期の大規模な失業の発生を抑制した。それらが，幅広い人材の育成を可能とし，また，先進国の中でも相対的に低い失業率を維持してきた要因とされた。日本の労働政策もまた，こうした日本の労働市場の特徴をふまえて展開されてきた。

しかしながら，近年，日本の労働市場は大きく変容した。「バブル経済」が崩壊し，不況が一段と深刻化した1990年代後半以降，事業再構築の一環として，正社員の雇用削減に踏み切る企業が増加している。また，「就職氷河期」とも呼ばれるように，不況期には新卒採用も大幅に削減され，若者の非正社員（フリーターなど）や無業（ニート）が増加した。パートタイムやアルバイト，契約社員，派遣労働者といった，いわゆる非正社員が次第に増加し，現在，その数は全雇用者の3分の1以上を占めるに至っている。その主な担い手は若年労働者に加え，女性や高齢者といった，従来，労働市場への参加が乏しかったグループである。こうした労働市場の変化は，景気循環に伴う失業の変動を増大させるとともに，賃金や訓練機会をめぐる労働者の間の格差問題を生じている。同時に日本では，少子高齢化が急速に進行しており，今後，より一層の人口減少が見込まれている。労働市場が変化する中で，いかにして労働力を確保するかがきわめて重要な課題となっている。

このように，経済社会の構造が変化し，日本の労働市場もまた変化する中で，政府はいかなる介入策をとるべきだろうか。その

ためには,労働市場の特徴と機能に照らして,労働政策の意義を理解する必要がある。本章では,労働市場に対する政府の介入策を総称して「労働政策」と呼び,その必要性と目的,手段ならびに効果について検討する。

 労働市場の特徴と労働政策

2-1 労働市場の特徴

労働市場は,企業と労働者の間の労働サービスの取引の場である。一般に,企業の内部組織を通じた労働サービスの取引の場を**内部労働市場**と呼ぶ。それに対して,新たに働きに出たり働くことをやめたりといった,組織外部との出入りを通じた取引の場は**外部労働市場**と呼ばれる。

経済における他の市場と同じように,労働サービスもまた,企業と労働者の間の取引を通じて,その価格(賃金)と取引量(雇用量・労働時間)が決定される。そして,標準的な経済学が教えるところは,市場が**完全競争**であれば,企業と労働者の自由な取引を通じて,それぞれの経済主体の利益の総和を最大にするような賃金水準と取引量が決定されるというものである。しかし,労働市場ではこうした完全競争はしばしば成立しない。それは労働サービスが持つ,いくつかの特殊性に起因する。

一般の消費財や機械などの資本財とは異なり,労働サービスにはそれを販売する私たち人間とは切り離せないという固有の特徴が存在する。近年,月に80時間を超える残業を強いたり,新入社員を管理監督者とすることで残業代を不払いにしたりするなど

の過酷な労働条件のもとで若者を使い捨てにする企業（「ブラック企業」などと呼ばれる）の存在が社会問題化した。言うまでもなく，労働者は生命や人格を持った人間であり，労働者が労働サービスを売る際には，賃金などの金銭的報酬のみならず，どのような職場環境のもとで働くかは重要な関心事である。一方，サービスを買う側の企業にとっては，労働者が提供する労働サービスの金銭的価値，すなわち生産性が関心となる。また，企業が訓練をして育てる対象である労働者に長く勤めてもらいたいと考える企業であれば，労働者の定着性向なども重視するだろう。

しかし，労働サービスの取引に関わるこれらの真の情報が，取引の参加者すべてに行き渡っているということはありえず，労働市場には**情報の非対称性**が存在する。この問題の影響は，とりわけ労働者にとって深刻である。というのも，一般の財やサービスとは違い，売り手である労働者は労働サービスを保存しておくことができない。労働者の貯蓄や借り入れに限りがあれば，職探しにお金や時間をかけて労働サービスの売り惜しみをするにも限界があるからである。このような場合には，サービスの買い手の企業の側に**価格（賃金）支配力**や交渉力の優位が生じ，低賃金や長時間労働などの労働条件であっても，労働サービスの取引が成立する可能性が出てくる。

また，労働サービスには，それが生産やサービスに貢献する価値，すなわち生産性が，労働者自身が身につけた知識や技能に依存するという性質がある。こうした知識や技能は**人的資本**と呼ばれ，学校教育や企業内外の訓練は，人的資本の価値を高める投資としての側面がある。しかも，人的資本に対する投資には，労働者個人の生産性の上昇とそれに見合う賃金の上昇という**私的収益**

だけでなく，当該労働者が身につけた知識や技能の他者への伝播を通じて，同じ職場や地域で働く他の労働者の生産性を高めるという**社会的収益**がある。しかし，市場において，人的資本投資の収益としての賃金に後者の価値が考慮されることはないか，稀である。これは，ある労働者の教育や訓練が市場取引を通じることなく他の経済主体の経済厚生に望ましい影響を及ぼすということであり，第5章で説明した**正の外部性**とみなせる。最適な投資量は，追加的な投資がもたらす収益と費用を比較衡量して決定されるが，外部性があるとき，人的資本投資は社会的に見て過小となる。

以上の例に限らず，現実の労働市場は多かれ少なかれ不完全な市場である。そして，情報の非対称性や外部性といった**市場の失敗**によって，完全競争が実現するはずの資源の効率的な配分は達成されない。また，資源配分の歪みは，しばしば企業よりは労働者に対して不利に働き，時にはその生存までも危うくする。そのため，労働市場には一定の枠組みや規制が設けられており，政策的な介入が行われてきた。

2-2　労働政策とは何か

労働政策の目的と手段について，第二次世界大戦後から近年に至る日本の労働政策を念頭におけば（菅野，2004），その第1の目的は，国民の豊かな暮らしを達成することである。日本は，一方で，国民のさまざまな自由や権利を保障し，市場経済の体制を選択している。しかし他方で，国は，国民生活のすべてを自由な市場取引にゆだねることはせず，**社会国家**として，国民の健康で文化的な最低限度の生活を保障する責務を負っている。また国は，

国民が適切な労働の機会を得られるよう保障する，いわゆる**完全雇用政策**を国政の基本方針としてきた。このような目的のもとで，雇用と失業に関する労働政策が展開されてきた。政府は，失業（雇用）保険制度を創設・運用することによって，労働者の失業時の生活を保障する消極的労働市場政策とともに，公共職業紹介サービスや各種の職業能力開発施策，企業による労働者の雇い入れに対する助成金制度などの積極的労働市場政策を実施し，失業者の円滑な再就職を支援している（この点は4-2項で改めて説明する）。さらに，不況期における公共事業の増大等による景気対策は，企業の生産やサービスの拡大を通じた労働需要の維持や拡大が企図されており，マクロ経済政策もまた，広義の労働政策として捉えられる。

労働政策の第2の目的は，労働関係における経済的弱者としての労働者の保護である。近代市民社会においては，労働者と企業（使用者）の間の労働サービスの取引における権利義務の根拠は，「契約」に求められる。日本では，戦前に定められた民法により，労働関係とは，労働義務と賃金支払義務が交換関係にある債権契約（雇用契約）とされ，「契約の自由」が原則であった。しかし，戦後の労働政策は，労働関係における使用者の権力の強大さや取引の実質的な不平等性に着目して，使用者と，使用者に使用される労働者の間の労働関係を**労働契約**と命名した。そして，労働契約においては，契約の自由に介入することで労働者保護を図ってきた。具体的には，労働基準法は労使対等の基本原則を宣言し，労働者の人権保護，搾取の防止を規定している。また，労働者の労働条件の確保や改善のため，賃金や労働時間，休日，年次有給休暇などの労働契約における基本的な条件について，最低賃金や

法定労働時間といった基準を設定し，法的拘束力を持たせてそれ以下（あるいは以上）の条件での労働を禁じている。労働契約の締結や解消にあたっても「契約の自由」に介入し，有期労働契約の濫用を防止する措置を講じるとともに，使用者による一方的な労働契約の解消，すなわち解雇についても使用者による解雇権の濫用を規制している。労働者の安全と健康面では，国は，職場の労働災害に対して公的な補償制度を制定・運用している。さらに男女の雇用機会の均等の促進策や，仕事と家庭生活の調和を図る各種の休業制度も整備されてきた。

第3の目的は，労働契約における「労使対等」の基本原則を担保することである。そのために，労働組合や労使関係に関する制度が制定され運用されている。労働契約の基本条件の決定に関する使用者と労働者の対等な交渉力を確保するため，労働者が団結して労働組合を組織すること，使用者と団体交渉を行い，またストライキ等の団体行動を行う権利を合法化するとともに，労使間あるいは労使と政府の間での対話促進と労使紛争の早期解決への取り組みがなされている。

では，これらの労働政策は，労働サービスの取引の当事者である企業と労働者にどのような影響を及ぼすだろうか。次節では，労働市場の機能に即して労働政策の効果を考える。

労働市場のモデルと労働政策の効果

3-1 労働市場のモデル

労働市場は，労働サービスをめぐる売り手（労働者）と買い手

（企業）の取引の場である。しかし，それぞれの経済主体は，互いに異なる目的や動機を持って労働サービスの取引を行っている。

労働者は，働いて得た賃金所得によってさまざまな財やサービスを買い，それを消費することで効用を得るだけでなく，趣味の活動や家族との団らんなどのための余暇時間を楽しむことからも効用を得る。労働者が長く働けば働くほど，労働時間と時間当たりの賃金（賃金率）の積である賃金所得と消費が増加して効用が高まる。しかし同時に余暇時間を減らす必要があるから，消費による効用と余暇時間による効用はトレードオフの関係にある。もちろん，余暇をどれくらい好むかや，働かなくても得られる収入は人によって異なるから，消費と比べた余暇の金銭的な価値には個人差がある。一方，市場相場の時間当たり賃金率は，彼（彼女）が追加的な余暇時間を楽しむことによって失う金銭的な費用の大きさを表す。そのため，自身の効用を最も大きくしたい労働者は，自身の余暇時間の金銭的価値と，市場相場の賃金率が等しくなるような労働時間を選択する。

他方，企業の目的は，自社の製品を作ったりサービスを提供したりすることによって得られる利潤の最大化である。労働サービスは，企業が製品を作ったりサービスを提供したりするために必要な**生産要素**の1つとして需要される。企業が新たな労働サービスを追加すれば生産量と収入が増加するが，同時に，労働サービスに対して市場相場の賃金率を支払うという費用が生じる。結局，利潤最大化を図る企業は，追加的な労働サービスがもたらす金銭的価値，つまりその生産性の金銭的価値と，そのために支払う市場相場の賃金率が等しくなるような労働サービスの量を選択する。

いま，市場は完全競争であるとする。つまり，①市場には多数

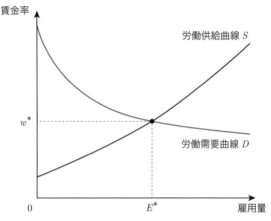

図9-1 完全競争市場の均衡

の労働者と企業が存在し，それぞれが労働サービスの取引価格である賃金に何ら影響を及ぼすことなく，それを与えられたもの(**価格受容者**)として行動すること，②労働市場への参入や退出は自由であること，③市場で売買される労働サービスの質はすべて同じ(同質的)であること，そして，④すべての労働者と企業は，取引前に労働サービスの質や価格に関する情報をすべて把握していること(**完全情報**)，といった条件が満たされているとする。

こうした条件が成立するときに，異なる動機を持った労働者と企業の行動の結果を市場全体で考えてみよう。図9-1は，縦軸に時間当たり賃金率(w：円)，横軸に人数と1人当たり労働時間の積で表される雇用量(E：人・時間)をとり，労働者の労働供給の総量と，企業の労働需要の総量と賃金率との関係を示したものである。前者を労働供給曲線(S)，後者を労働需要曲線(D)と呼ぶ。労働者は(ある程度までは)賃金が高くなるほど労働供給を

増加させるので，労働供給曲線 S は右上がりである。一方，企業は賃金が低いほど労働需要を増加させるので，労働需要曲線 D は右下がりである。完全競争のもとでは，図9-1に示すように，労働需給が一致する均衡雇用量（E^*）において均衡賃金率（w^*）が決定される。そして完全競争市場の均衡は，それが労働者の失業や企業の人手不足を生まないというだけでなく，労働サービスという希少な資源が最も効率的に配分される状態であるという望ましい特性を有している。

しかし，先に見たように，現実の労働市場は多かれ少なかれ不完全であり，労働者の生産性を下回る賃金や長時間労働の問題，そして労働者の失業問題などが発生する。このとき，さまざまな労働政策は，取引される労働サービスの価格（賃金率）や量（雇用者数や労働時間）に対して，直接的あるいは間接的に働きかけることを通じて，参加者の行動と労働市場の状態を変化させる。以下では，これらの2つの視点から具体的な政策と効果を考える。

3-2 労働サービスの価格に働きかける政策

(1) 最低賃金制

労働サービスの取引価格に働きかける政策には，賃金に対する直接規制がある。労働契約における重要な契約条件の1つである賃金について，法または労使の取り決めにより，その下限を定める政策を**最低賃金制**という。日本においては，最低賃金法がその根拠となっており，都道府県別に時間当たりの地域別最低賃金額が定められている。2000年代に入って，仕事からの収入が**生活保護制度**で保障される健康で文化的な最低限度の生活を営むための所得水準に満たない「ワーキング・プア」の問題が顕在化した。

地域別最低賃金額が,生活保護水準に満たない都道府県が多数存在することが明らかとなったことを受けて,同法は 2007 年に改正された。この法改正により,地域別最低賃金の決定にあたっては,生活保護との整合性への配慮が求められることとなり,反貧困政策としての最低賃金の役割が重視されることとなった。法改正後は,生活保護との逆転現象の解消を図る地域を中心に,毎年 10 円を超える地域別最低賃金の大幅な引き上げが続いている。

では,最低賃金制による賃金の下支え政策は,労働市場にどのような影響を及ぼすだろうか。もし労働市場が競争的であれば,最低賃金の効果は明確である。

企業にとって,賃金とは,追加的な労働サービスがもたらす生産性の価値に等しい。最低賃金額を引き上げられれば,企業は,最低賃金より生産性が低い労働への需要を縮小させたり,あるいは,不熟練な労働者の雇用を生産性の高い労働者や機械設備の利用に切り替えたり(代替)する。

他方,労働者にとって,賃金とは,労働サービスを追加する際の余暇の価値を示す。最低賃金額が上昇すれば,それが自身の余暇の金銭的価値を上回る労働者は,労働サービスを供給することが合理的だから,彼(彼女)らが労働市場に追加的に参加したり,仕事を探し続けたりするために失業が生じる。さらに,最低賃金の引き上げにより,生産性の低い仕事を多く提供する企業の事業が立ちゆかなくなれば,これらの企業が廃業することによる雇用機会の喪失も生じる。

結局,低賃金労働者の賃金がその生産性を反映するものである限り,貧困対策としての最低賃金の引き上げは,最低賃金の引き上げ後も雇われ続ける労働者の生活の安定には寄与する可能性が

ある一方,一部の労働者は収入の機会を失って失業者となり,所得格差の拡大という意図せざる結果を招来する可能性がある。

しかし,労働市場が不完全であれば,最低賃金制が労働市場の資源配分を改善する可能性がある。その1つは,企業が賃金支配力を持つ場合である。たとえば,地域の労働市場において,企業が労働サービスの買い手として独占的な地位(**買手独占**)にあるときには,完全競争的な市場よりも賃金を低くして労働費用を抑制する。その結果,市場では低賃金に応じた労働供給しかなされず,完全競争に比べて雇用量も過小になることが知られている。多数の企業が存在する場合でも,企業の求人と求職者が時間や費用をかけて互いを探索する必要がある場合には,市場相場の賃金ではなく,企業自身の賃金決定が,自社の雇用量を左右する状況が生まれる。ここでも,企業が賃金支配力を持つ結果,過小な賃金と雇用が生じる。このとき,政府が,最低賃金を現在の賃金水準より高く,しかし労働者の生産性と同じかそれより低い水準にうまく設定できれば,企業は労働需要を増やす余地があるため,賃金の引き上げと雇用の増加の両者が達成される。

最低賃金制が効率性を高めるもう1つの可能性として,最低賃金の引き上げが,必ずしも企業の労働費用の増大だけをもたらすわけではない場合がある。たとえば,企業が労働者の真の働きぶりを把握するには,技術的に不可能か費用がかかりすぎる場合である。このとき,高めの賃金水準が職場における労働者の努力を引き出すインセンティブとして機能すれば,最低賃金の上昇は,労働サービスの費用の上昇と同時に,その生産性も高める可能性がある。

このように,最低賃金制が労働市場の資源配分の効率性に与え

る効果は,施策の対象となる低賃金の労働市場の競争状態や,賃金が労働者の生産性に与える効果に依存する。これは,事前の評価が難しい問題であり,政策の有効性を判断する際には,事後的な効果を確認することが重要となる。

(2) 雇用助成金

最低賃金制が,法的拘束力を持たせて,労働契約上の賃金の下限を規制するという政策手法であるのに対して,企業の労働費用の負担を政策的に引き下げるための助成金制度を設けて,労働需要や職場環境をコントロールする手法もとられる。中でも,就職が困難な労働者や地域における雇用促進を目的とした**雇用助成金**は,企業が新たな労働者を雇い入れる場合に,企業が支払った賃金額に対して期間と金額を定めて助成している。日本の現行政策では,高年齢者,障害者,母子家庭の母などの就職困難者を対象とした「特定求職者雇用開発助成金」,安定就業を希望する未経験者を原則3カ月以上試行的に雇い入れる「トライアル雇用奨励金」,雇用情勢がとくに厳しい地域で,事業所を設置整備して従業員を雇い入れる「地域雇用開発助成金」などがあり,対象労働者に応じて,助成額や期間が異なる。

雇用助成金の効果を,簡単な労働市場モデルに即して考える。図9-2は,労働市場が競争的な場合の労働需要曲線 D と労働供給曲線 S を示している。助成金がない場合の労働需要は D_0,労働供給は S_0 で表されるとすると,需給が一致する点 A が市場均衡であり,均衡賃金率は w_0,均衡雇用量は E_0 となる。単純化のため,企業が1単位の雇用を追加するときに,その時間当たり賃金率に対して政府が100円の助成金を支給するとする。このとき,助成金を受け取る企業は,賃金率が w_0+100 の水準であっても

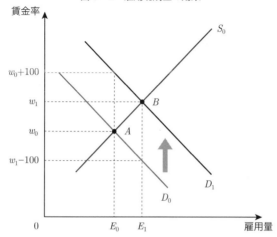

図9-2 雇用助成金の効果

E_0 の雇用を需要するので，実質的な労働需要曲線は D_1 へと上方にシフトし，均衡雇用量は E_1 に増大する。このとき，労働者は w_1 を受け取り，企業の負担額はそこから助成金を控除した w_1-100 になる。

このように，政府の財政措置により，企業の賃金費用を低減させる政策は，均衡雇用量を増大させるとともに，労働者の受け取り賃金を上昇させ，企業の支払い賃金を低下させる効果を持つ。ただし，雇用助成金が，労働者の賃金と雇用をどの程度増加させるかは，労働供給曲線や労働需要曲線の傾き，つまり，労働者の労働供給行動や企業の労働需要行動が賃金率に対してどの程度感応的かに依存する。また，実際の政策では，労働市場で不利な立場にある労働者や失業者が，雇用助成金の対象となることで，企業から就職困難者としての烙印（**スティグマ**）を押され，期待した雇用促進効果が現れない可能性などにも留意する必要がある。

3-3 労働サービスの数量に働きかける政策

労働サービスの取引量を考える際には，労働者の人数のみならず，労働者1人ひとりが何時間働くかも重要である。以下では，労働時間と労働者数のそれぞれに働きかける政策を見る。

(1) **労働時間政策**

労働時間は，単なる労働サービスの取引の量的側面を超えて，労働者の心身の健康や仕事と家庭生活の調和といった生活に関わる重要な労働条件の1つである。一方で，長時間労働による労働災害の発生に見られるように，労働者には労働時間を自由に選択できない側面がある。そのため，多くの国々では，法によって労働時間の上限を定める政策がとられている。日本では，労働基準法により，法定労働時間や，使用者の休憩時間付与義務ならびに休日付与義務を定めている。ただし，労働者の過半数で組織する労働組合か労働者の過半数を代表する者と使用者との時間外労働協定によって，限度内の時間外労働や休日労働を可能としており，時間外労働や休日労働について，法定の割増賃金の支払義務を定めている。

このうち，法定労働時間は，当初は1日8時間，週48時間であったものが，1987年の労働基準法改正により，週の最長時間が40時間にまで引き下げられている。さらに，近年は超長時間の労働問題の発生を受けて，2010年の改正法によって，1カ月間に60時間を超える時間外労働については，割増賃金率が25%から50%に引き上げられることとなった。

労働時間規制が労働市場に及ぼす効果は，企業の労働サービスの需要行動に依存する。企業の生産に関与する労働サービスは，

実効労働サービスと呼ばれ，それは労働者数と1人当たり労働時間の2つの要素からなる。生産における実効労働サービスの投入量を，労働者数と労働者1人当たり労働時間を掛け合わせたものとして，企業が両者の最適な組合せを選択する状況を考えよう。

いま，ある人数の労働者1人ひとりが，法定労働時間ちょうどで働いて，ある水準の生産量を実現しているとする。このとき，政府が労働時間短縮政策によって法定労働時間を削減した場合，どのような影響が生じるだろうか。直観的には，政策によって1人当たりの労働時間が減少するため，企業は労働者の人数を増加させて生産量を維持すると考えられるかもしれない。

しかし，実効労働サービスを変化させる際には，時間当たり賃金率以外にもさまざまな費用が生じる。中でも，労働者の人数を増やすには，彼（彼女）らを採用するための募集費用や採用後の訓練費用，通勤費，福利厚生費，（将来の）退職金といった，労働時間にかかわらず労働者1人ひとりにかかる労働費用（**準固定費用**）がある。通常，準固定費用は，時間当たり賃金率などの労働時間に比例する費用（**可変費用**）を上回る。また，現実の仕事では，労働時間の長短にかかわらず，準備や後片づけといった生産活動外の時間が一定程度必要である。さらに，労働者は労働時間が減少しても，手取りの所得が下がりすぎないよう所得保障を求めがちである。

これらはいずれも，1人当たり労働時間の減少が企業の生産費用を増大させることを意味する。そのため，法定労働時間の削減は，企業の最適な生産量と実効労働サービスの需要を縮小させ，ひいては労働者数をも減少させることになる。

しかし，不完全労働市場では，こうした政府による労働時間規

制が，労働市場の効率性の面から支持される場合がある。契約条件の交渉において使用者の交渉力が強い場合，あるいは労働市場において企業が価格支配力を持っている場合には，先に見たように完全競争に比べて賃金が過小となるばかりでなく，企業が労働者に対して過大な労働時間を求める可能性がある。このとき，政府の介入による適度な労働時間規制は，労働時間を短縮させて余暇を求める労働者の効用を高めると同時に，労働者の人数も増加させる効果を持つ。ただし，賃金規制の場合と同じく，労働時間に対する過度の規制はかえって労働者数を減少させる効果があり，政策の事後的な評価をふまえた有効性の検証が必要となる。

(2) **採用や解雇に対する規制**

労働サービスの取引量のもう1つの要素としての労働者数に働きかける政策には，労働契約の締結や解消に関する法制度によって，労働者の採用や解雇を規制するものがある。採用については，各国において，派遣労働者や有期労働契約といった非正社員の活用に資する政策を進めながら，いくつかの規制を設けて正社員との代替や濫用の防止が図られている。

日本においても，1986年に施行された労働者派遣法によって，使用者と直接雇用関係のない派遣労働者の利用が限定的な業種について解禁され，1999年には可能事業を限定列挙する方式から，禁止事業を列挙する方式へと改められるなど規制緩和が進んだ。ただし，2012年の法改正は，30日以内の日雇い派遣を禁止するなど，派遣労働者保護の性格を強めている。また，雇用契約期間に定めのある有期労働契約をめぐっては，労働基準法の相次ぐ改正によって契約期間の上限を延長し，規制緩和が進められてきたが，2012年に改正された労働契約法により，5年を超えて反復更

新された有期労働契約については，労働者の希望によって無期労働契約への転換が義務づけられるなど，使用者による有期労働契約の濫用を防止する規制強化が図られている。

雇用期間に定めのない無期雇用契約を中心とした**解雇規制**についても，2000年代に入って，新たな動きが生じている。ここでは「解雇」とは，使用者が労働契約を一方的に解消する行為をいう。解雇については，戦後，裁判例を通じて「解雇は，客観的に合理的な理由を欠き，社会通念上相当であると認められない場合は，その権利を濫用したものとして，無効とする」という**解雇権濫用法理**が形成され，正当事由のない解雇を無効とする解雇規制が機能してきた。この法理は，2000年代に入って労働基準法についで労働契約法に盛り込まれ，解雇規制が制定法に明文化されることとなった。

では，解雇規制は労働市場にどのような影響を与えるのか。それにはまず，「なぜ企業が労働者と労働契約を結んで直接雇用し，労働サービスの組織内取引を行うのか」を理解する必要がある。もし，必要とする財やサービスの生産方法が定型化されており，品質や納期に不確実性がないか，きわめて小さければ，経営者は外部の事業者と業務内容などの契約事項の詳細を明記した外部委託契約を締結して，業務を外注することが効率的である。しかし，実際には，契約事項の詳細を，第三者（裁判所）に立証可能な形で，事前に契約書に明記することはきわめて困難である。このような場合，契約は不完備となる。契約が不完備であれば，使用者は労働者を直接雇用し，労働サービスの組織内取引を行う。とくに，長期の契約ほど，将来の事態が不確実となるため，直接雇用による労働サービスの取引が合理的になる。

しかし，**不完備契約**としての労働契約には，契約の当事者に，契約上の義務を保留したり変更したりする機会主義的な行動をとるインセンティブが存在するため，それを克服するなんらかの工夫が必要となる。とりわけ，労働者と企業が，企業内訓練によってその企業に独自の知識や技能（**企業特殊的技能**）を身につけるための訓練投資を共同で実施するためには，両者の雇用関係が長期的に安定していることが保障される必要がある。このような枠組みから，政府による解雇規制は，訓練後の熟練労働者の雇用を保障することによって，労働者が企業特殊的技能を習得するインセンティブを高めるとする理論的見解がある。

しかし，解雇規制があるとき，その影響は労働契約の当事者にとどまらない。企業は，解雇費用が高い既存労働者の解雇を抑制するとともに，将来の費用負担を見越して新規採用も抑制すると考えられるためである。これは，雇用と失業の間を移行する雇用フローを低下させることを通じて，解雇規制が厳格に適用される労働者と，それ以外の労働者や失業者の間の雇用機会の格差を生じさせる。また，正社員の解雇規制を一定として，相対的に雇用調整がしやすい非正社員雇用の規制を緩和すれば，企業は，解雇費用が高い正社員の雇用を（主に自然減によって）減少させる一方，解雇費用が低く雇用が不安定な非正社員の雇用を拡大させる。その結果，**労働市場の二重構造**につながることが予想される。近年，日本における非正社員は雇用者数の3分の1以上を占めるに至っており，解雇規制が労働市場全体に及ぼす効果についても留意する必要がある。

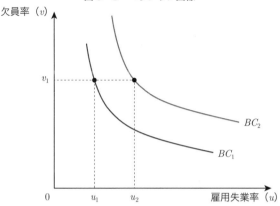

図9-3 ベヴァリジ曲線

4 失業に対する労働市場政策

4-1 失業の発生要因

　先に述べたように，国は，自らの労働によって生活を立てる国民に対して，適切な労働の機会を得られるよう保障することを基本方針としてきた。そのため，失業の削減は労働政策の重要な目標であり続けている。失業とは，仕事につきたい人が仕事を探していて仕事につけない状態を意味する。とくに不況期には，労働者の失業が増加する一方で企業の求人数が低下するため，労働需要の不足によって生じる失業（**需要不足失業**）が深刻化すると考えられる。そのため，不況期には，財政政策や金融政策といったマクロ経済政策によって総需要の増大が図られてきた。

　しかし，失業の要因は，必ずしも仕事がないためだけではない。

現実の労働市場には，企業が求人を出していながら未充足の状態にある「欠員」も数多く存在する。

失業と欠員の間には，図9-3のBC_1に示されるような負の関係があると考えられる。ここで，縦軸は，企業の求人数と欠員数の和に占める欠員数の割合（v：欠員率）であり，横軸は企業に雇われている雇用者数と失業者数の和に占める失業者数の割合（u：雇用失業率）である。経済が不況のときには，企業の欠員が乏しく失業者は仕事をみつけにくいため，雇用失業率が高くなる。他方，好況になって企業が多くの欠員を出すようになれば，失業者が減少して雇用失業率が低くなる。このようなvとuの右下がりの関係は**ベヴァリジ曲線**と呼ばれ，この曲線上では，確かに企業の欠員が増加するほど，労働者の失業が減少する関係がある。

しかし，企業の欠員がいかに豊富になったとしても，失業がゼロになることはない。それは，現実の労働市場には，企業の求人と求職者の結びつき（マッチング）を遅らせたり，そのコストを上昇させたりするようななんらかの「摩擦」があるためであり，そのために生じる失業を**摩擦的失業**と呼ぶ。

労働市場の摩擦の要因の1つは，求人と失業者の質が異なることによっている。たとえば，看護や介護といった医療・福祉分野の求人は豊富である一方，これら職種の資格や経験を持つ失業者が少なければ，そのままでは両者のマッチングは望めない。また，これらの職種の需給が豊富にあっても，求人の賃金や労働時間などで見た労働条件が悪く，労働者の希望条件を満たさない場合も，両者がマッチングすることは難しい。このように，求人側が求める労働者の能力や条件と，失業者の持つ能力や仕事に求める条件が合わない場合，需給に不一致（**ミスマッチ**）が生じる。こうし

たミスマッチは,産業構造が変化し,従来型の産業や職種から新たな産業や職種へと労働需要が変化する場合に深刻化すると考えられる。

さらに,労働市場における摩擦の要因には,失業者が仕事につくまでに時間がかかるということがある。たとえ失業者が求める条件に合った求人が存在していても,労働市場の情報は不完全であり,失業者がそれを探し出すには時間がかかる。また,現実の就職活動には,書類選考や面接といった手続きがあり,採用に至るまでにはやはり一定の時間を要する。

先に見たベヴァリジ曲線の位置は,このような労働市場の摩擦があるもとで,欠員と求人のマッチングがどの程度効率的に行われているかを示す。図9-3のうち,原点に近い BC_1 は,より原点から離れた BC_2 に比べて,同じ欠員率 v_1 のもとでも雇用失業率 u_1 が低くなっている。つまり,ベヴァリジ曲線が原点に近いほど,少ない欠員が効率的に失業者とマッチングしており,原点から離れるほど欠員と失業のマッチングの効率性が低いといえる。失業の削減のための労働政策には,労働市場の摩擦の要因に対処し,マッチングの効率性を高める効果が期待される。次項では,失業に対する生活保障政策とあわせて,これらの政策を概観する。

4-2 労働市場政策のタイプ

失業に対する政府の政策は**労働市場政策**(日本では雇用政策)と呼ばれ,それは消極的政策と積極的政策の2つに大別される。1つは,公的な雇用(失業)保険制度を制定・運用し,労働者の失業時のセーフティーネットとして,生活を保障する政策である。日本では,雇用保険法に基づき,個人経営で5人未満の農林水産

業を除くすべての事業所に対して雇用保険への加入を義務づけている。適用事業所で働く雇用者のほとんどが被保険者となり、いわゆる非正社員であっても、1年以上引き続き雇用されることが見込まれていて、1週間の労働時間が20時間以上であれば雇用保険の被保険者資格を有する。失業時の失業給付（基本手当）の水準は、離職前半年間の平均賃金の50〜80%である。給付期間は、被保険者であった期間が長くより多くの保険料を納めてきた人ほど長くなり、年齢や加入期間が同じ区分でも、より転職が困難な労働者に対して手厚い給付を設けている。そのため、雇用保険制度は、生活に困窮した失業者による労働サービスの売り急ぎ行動を抑制し、労働者と仕事のマッチングを高めるための助成金の性格も有する。しかし、この制度そのものは失業者の生活保障の性格が強く、失業の原因への対処策ではない。そのため、こうした政策は**消極的労働市場政策**と呼ばれる。

2つめは、労働市場の摩擦などに対処し、市場の調整機能を高めることによって失業の削減を図るための政策であり、**積極的労働市場政策**と呼ばれる。積極的労働市場政策には主に4つのタイプがある。

第1は、失業者や仕事を失うリスクの高い者への**職業訓練**である。日本の職業訓練政策は、従来、国や都道府県の公共職業訓練校などでの職業訓練や、事業主が行う教育訓練への補助が中心であった。近年は、民間や大学への委託訓練、そして個人が行う自己啓発に対する助成制度などが拡充されている。このうち、実務経験が不足する若年者については、委託先企業での実習と訓練機関での座学を組み合わせた「日本版デュアルシステム」が導入されている。また、労働者自らが負担をして行う教育訓練費用の一

部を助成する「教育訓練給付金制度」や，勤続年数が短いなどの理由で雇用保険の手当を受給できない求職者に対して，無料の職業訓練や訓練期間中の給付措置，そして公共職業安定所（ハローワーク）による就職支援を行う「求職者支援制度」が設けられるなど，とくに1990年代以降，失業者や非正社員の増加を受けて，職業訓練の充実が図られている。

　第2は，民間企業に対して，失業者の採用や既存労働者の雇用維持などを促す賃金助成策，あるいは公的部門での失業者の臨時雇用といった直接的な雇用創出などによる**雇用の維持・創出策**である。日本の政策では，若年者や高齢者，障害者などの就職困難者について，雇い入れ助成制度を設けて雇用促進が図られている。また，第一次石油ショック以降，雇用保険の資金によって運用される「雇用調整助成金」により，一時的な景気変動に対して，休業や教育訓練によって従業員の雇用を維持する事業主を対象とした助成制度を設け，不況期の雇用維持による失業の抑制が図られてきた。2000年代には，企業の事業再構築による雇用調整が進められていることもあり，雇用維持型から労働移動型への転換を図るための「労働移動支援助成金（再就職支援奨励金）」を導入し，事業主が，離職する労働者の再就職のための委託訓練や再就職支援を委託する際の助成制度を設けている。

　第3は，種々の**職業安定サービス**であり，これには，求職者に対する職業紹介，カウンセリングや職業指導，求職活動の指導や雇用保険の運用などが含まれる。全国ネットワークのハローワークによる無料のサービスはその代表であるが，若年求職者のためのワンストップセンター（ジョブカフェ）のように対象に特化した職業安定サービスも導入されている。これらのサービスは，求

職者がより適切な職探しを行ううえでの手助けとなるとともに，自身の求める条件に合った求人情報を得たり，就職申込みを行ううえでの費用を大幅に低減させたりすることにより，求人と求職者の効率的なマッチングを促進する効果がある。

　第4は，失業者や無業者に対する**アクティベーション**（活性化）策である。これは，無業時や失業時の各種給付の受給者に対して，公的に提供される再就職支援プログラムに参加させることを通じて，給付への依存や長期失業者の人的資本の劣化を抑制し，就労を促進するもので，究極的には労働市場政策や社会政策への支出を削減すること目的としている。日本では，「最後のセーフティーネット」としての生活保護の受給者のうち，稼働可能な世帯に対して自治体とハローワークが一体となった就労支援を実施してきた。さらに，2013年には「第2のセーフティーネット」として，生活保護に至る可能性が高い長期離職者やニート・ひきこもり，心身に課題を抱える人びとなどを対象として「生活困窮者自立支援制度」を導入し，自立に向けた相談事業や住居の確保などを支援するとともに，各人の個別のプログラムに基づいて基礎的な訓練などの就労訓練事業を実施し，通常の就労への移行を支援している。

5 おわりに
労働政策の意義と課題

　これまで見たように，日本の労働政策は，労働関係における労使の対等性を担保しつつ，契約の自由に介入して労働者の生命や人格を保護するとともに，自らの労働によって生活する国民の雇

用機会や豊かな生活を保障することを目的として，種々の政策手段を講じてきた。これは，市場の機能の観点から見れば，人間による労働サービスを取引するという，労働市場につきまとう不完全性に対処して資源配分の効率性を改善する側面があり，他方，公平性の観点では，労働者を保護することにより，自由放任と比べて企業から労働者への再分配を図る政策であると言える。同時に，日本の労働市場を対象とした労働政策には，自ずからその市場の特徴が色濃く反映されてきた。中でも，企業の中核的労働力をなし，また家計の主な稼ぎ手であった男性を中心とする正社員は，労働者の典型であった。そうした典型的な労働者について形成されてきた企業内訓練と長期雇用という雇用慣行と，労働者に対する解雇規制や不況期の企業による雇用維持の促進策とは，相補う形で展開されてきた面があった。

しかし，はじめに述べたように，過去数十年間で日本の労働市場は大きく変化し，それに伴って労働者は多様化してきた。そのため，労働政策には，企業と従来までの典型労働者の間にとどまらず，多様な労働者の間の公平性の観点が重要となっている。男女の雇用機会の均等政策に加えて，訓練が乏しい非正社員に対しては，自己啓発等の教育訓練を支援するとともに，正社員との均衡処遇や，正社員への転換を促す法制度やインセンティブを与える施策によって労働者間の処遇のバランスを図る政策には，こうした労働者間の公平性への配慮があると言える。

同時に，日本の労働市場を取り巻く環境の構造的な変化は，典型労働者としての正社員を含む，労働者全体に大きな影響を及ぼしている。少子高齢化が進む中，未活用の労働力としての女性労働者や高齢者の雇用促進を図るには，従来の男性・正社員を中心

とした働き方を大きく改革する必要がある。また，技術進歩が速い時代にあっては，労働者の知識や技能の陳腐化や産業構造の変化が速く，労働者の再訓練による能力開発や，成長産業への円滑な労働移動が必要となる。そのためには，積極的労働市場政策による労働者の能力開発と雇用保障がより重要となるだろう。従来，日本の労働市場の基調は，企業による能力開発と雇用保障であり，政府による積極的労働市場政策への支出規模は，同政策によって就業率の向上を図る大陸欧州諸国などと比べてきわめて低い水準にあった。今後は，諸外国の経験と教訓に学びつつ，日本の労働市場の特性に即した労働政策の展開が求められている。

[勇上 和史]

練習問題

9-1 政府が労働市場に介入する根拠について，労働サービスが持つ特殊性の観点から説明しなさい。

9-2 労働市場において失業が発生する要因を説明しなさい。また，それぞれの要因に対して有効とされる政策を述べなさい。

9-3 経済協力開発機構（OECD）は，日本を含む加盟国の労働市場政策費（Labour market programmes: expenditure and participants）について，政策項目ごとに GDP に占める割合をホームページ上で公表している。この資料を参照し，各国の労働市場政策の支出傾向や支出項目で見た特徴について述べなさい。

9-4 最近の労働政策を1つ取り上げ，その政策がどのような効果を持ちうるかを議論しなさい。その際，労働市場の不完全性を改善する観点（効率性）と，市場の参加者の間の分配の観点（公平性）に言及しなさい。

文献ガイド

(1) 荒木尚志・大内伸哉・大竹文雄・神林龍編（2008）『雇用社会の法と経済』有斐閣。
  - 労働市場へのさまざまな介入策について法学と経済学の考え方の異同が学べる。
(2) 大内伸哉・川口大司（2014）『法と経済で読みとく雇用の世界——これからの雇用政策を考える（新版）』有斐閣。
  - 日常的な労働問題から労働市場を律する法の意義と経済学的な評価が学べる。
(3) 大森義明（2008）『労働経済学』日本評論社。
  - 労働市場の経済理論と近年の実証研究の成果が学べる。
(4) 菅野和夫（2004）『新・雇用社会の法（補訂版）』有斐閣。
  - 日本の雇用システムの特徴に即して法制度の意義が理解できる。

第10章 社会保障政策

1 はじめに
公的な社会保障はなぜ必要か？

1-1 社会保障とは

　社会保障とは，私たちの生活が経済的に不安定になったときに，公的な責任で生活を支える仕組みである。たとえば，病気になることや，高齢のため働けなくなったり失業したりして所得が減少するといったことは誰にでも起こりうる。そうした経済的リスクに対して，社会全体で備え，支える仕組みが社会保障である。そもそも，私たちの生活にはなぜ社会保障政策が必要なのだろうか。また，なぜ民間の経済主体ではなく政府が関与しなければならないのだろうか。本章では，これらの問いについて経済学からのアプローチで考えてみる。

　日本の社会保障は図10-1に示されているように大きく4つに分けられる[1]。社会保障政策は，私たちの生活の中で起こりうるさまざまなリスクに対して社会全体で備えるよう，**保険的方法**と

図 10-1　日本の社会保障の仕組み

社会保障	社会保険	・社会保障の中心 ・加入者はあらかじめ保険料を出し合い，病気や失業などの特定の経済的リスクに直面した場合，給付を受けられる
		年金，医療保険，介護保険，雇用保険，労災保険
	公的扶助	・生活困窮者に対して，健康で文化的な最低限度の生活を保障し，自立を支援する ・財源は税で，必要性がある人のみ受給できる
		生活保護
	社会福祉	・特別に支援を必要とする人への施策 ・児童，老齢者，母子世帯，障害者など，対象者に応じて，それぞれの法律が制定され，各福祉サービスが提供される
		児童福祉，高齢者福祉，障害者福祉，母子・寡婦福祉など
	公衆衛生	・国民の健康の維持増進を進めることで，社会全体の疾病リスクを低下させることを目的とする ・地方自治体の保健所や保健センターなどが中心に行う
		予防接種，感染者予防，健康診断など

公費負担によって経済状況を保障し，生活困窮者には国が扶助を行うことである。

社会保険のように保険的方法で社会保障が存在する理由は，私たちは所得が変動するリスクをできるだけ避けたいという**リスク回避的**な性質を持っているからである。リスク回避的な私たちは，時間を通じてできるだけ消費を一定に保ち（**消費の平準化**という），

今も，将来も安心した生活を送りたいと思うだろう。また，社会全体で経済的リスクに備えることができる仕組みがあるのならば，費用を負担してでも，その制度に加入したいと思うだろう。**税**や**社会保険料**という形で国民で広く費用を負担し，国や地方がその制度を運営する仕組みが社会保障である。図10-1のように社会保障の各制度は，現役世代から高齢世代へ，健康な人から治療を必要とする人へ，高所得の人から低所得の人へと所得再分配する支え合いの仕組みとなっている。しかしながら，社会保障はリスクに対して自ら備えるインセンティブをクラウド・アウトしたり，勤労意欲を抑制し，労働供給を減らすことにつながるという問題も指摘されている。さらに，**モラル・ハザード**の問題も起こる。モラル・ハザードとは，リスク回避のための仕組みを整備することで，かえって人々を安心させてしまい，危険や事故の発生確率が高まることである。年金があるからと，十分に貯蓄をしなかったり，医療保険があるからと過剰に病院に行くことがある。そのため，人々の行動を歪めないような効率的な制度設計も求められている。

1-2 なぜ政府が社会保障を提供するのか

保険は，公的な社会保険以外にも医療保険や自動車保険など民間の保険も存在する。それではなぜ，社会保険をはじめとした社会保障を政府が提供する必要があるのだろうか。ここでは3つの理由をあげる。

1つめの理由は，個人がリスクに備えて必ずしも十分に貯蓄を行うとは限らないからである。また，それに対して**国家の家父長的な役割**が期待されることにある。私たちは将来，病気になった

り，高齢で働けなくなったりするリスクを考えるが，しばしば近視眼的（将来よりも今の生活を重視する性質）で，リスクを完全にカバーできるほど十分な備えをするとは限らない。さらに，起こりうるリスクを完全に予想することはできない。もし十分な備えがなく，経済的リスクに直面した場合，すべてを個人の責任にすると，困窮者が溢れ，社会が不安定になってしまう。このように，リスクに対して十分な備えができなかったり，生活が困難な人々に対して，国家による救済が期待される。

2つめの理由として，社会保障の**公共財的な性質**にある。たとえば，年金保険がなければ，困窮する高齢者が溢れ，社会そのものが不安定になる。もし公衆衛生や医療保険がなければ，病気の治療を受けられず，周りの人にも病気が拡散してしまう**外部性**の問題が起こる。そういった外部性まで考慮すると，民間に任せてしまえば，他の公共財と同様にフリーライドが起こり，過少供給になってしまう（例えば，周りの人が受ければ自分は病気にならないだろうと予防接種を受けない，経済的に支援が必要な人に対して他の人が助けるだろうからと自分は何もしない；公共財，外部性についてより詳しくは，第5，8章などを参照。）。そこで，政府が社会的に最適な社会保障サービスを供給する必要性が生じてくる。

3つめの理由は，市場の失敗である。被保険者（個人）と保険者の間にある**情報の非対称性**が，**逆淘汰**（アドバース・セレクション）の問題を引き起こす（逆淘汰については第5章などを参照）。保険に加入する被保険者は，少なくとも保険を提供する保険者より自分が失業するリスクや病気になるリスク，長生きするかどうかという情報を持っている。

たとえば，公的年金制度がなく，民間の保険会社によってのみ

年金保険が提供され，加入が任意であるとどうなるであろうか。個人は「自分は長生きの家系だから，老後に備えて年金保険に加入しよう」と，長生きするリスク（ここでは，長生きすることがリスクになる）が高い人ほど，年金保険に加入するだろう。そうすると，長生きしそうな人ばかりがその年金保険に加入するので，保険会社は，保険給付が高額になることを予想し，収益の維持のために保険料を引き上げようとする。そして，その保険料に見合うと考えるのは，より「自分は長生きしそうだから年金保険に加入しておこう」と考える個人となり，さらに保険会社は保険料の引き上げを行う。こうして，民間の保険のみで年金保険を提供すると，リスクの高い人ばかりが保険に加入し，保険そのものが成立しなくなる。これが，逆淘汰の問題である。このような逆淘汰による市場の失敗が起きるとき，政府による介入が正当化される。

マクロ経済から見た社会保障

　社会保障関係費は国・地方の財政において大きな部分を占めている。そこで，本節では，社会保障の財源や給付といったマクロ経済から見た社会保障の姿を捉えてみる。

2-1 財政と社会保障

　国の予算は，社会保障や教育などの基本的な歳出をまかなう会計である**一般会計**と，特定の収入で特定の支出に当てる**特別会計**の2種類がある。一般会計における歳出総額のうち3割以上を社会保障関係費が占めている。図10-2の左側は，日本の社会保

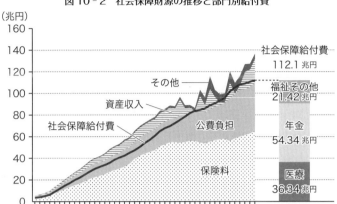

図10-2 社会保障財源の推移と部門別給付費

(出所) 国立社会保障・人口問題研究所「社会保障費用統計（平成26年度）」より作成。

給付費を示す折れ線グラフとその財源の内訳の推移である。社会保障給付費は1970年代半ば以降急増し，増加の一途をたどっていることがわかる。1973年が「**福祉元年**」と言われるように，同年に社会保障制度が一気に整備された。その後増加の一途をたどり，2014年度の社会保障給付費は112.1兆円である。その中でも年金が54.3兆円（全体の48.5％），医療が36.3兆円（32.4％），福祉その他が21.4兆円（19.1％）と，年金と医療が社会保障制度の中心であることがわかる。

2-2 社会保障の財源：保険料と税

それでは，社会保障の財源は誰が負担しているのだろうか。図10-2にあるように，日本の社会保障の財源は約半分が「保険料」（「被保険者拠出」が25.1％，「事業主拠出」が22.6％），残りの約

33%が「公費負担」，さらに，「資産収入」「その他」，という財源から成り立っている。このように日本の社会保障政策の財源は，「保険料」と「公費」の2つからなるハイブリッド型という特徴がある。

上述のように，社会保障給付費のうち，約半分を占める年金と約3割を占める医療は，どちらも**社会保険**の仕組みを利用している。つまり，**保険料**を皆で拠出し合う仕組みである。しかしながら，年金も医療保険もすべて保険料でまかなわれているわけではなく，**公費**（税）も多く投入されている。さらに，社会保障給付費のうち生活保護等の社会福祉は社会保険の仕組みではなく，公費負担によるものである。社会保険のうち，会社員や公務員等の被雇用者が加入する年金や医療保険（被用者保険という）については，被雇用者と事業主が保険料を折半して拠出している（それぞれ被保険者拠出の保険料，事業主拠出の保険料という）。自営業者などの被用者保険に加入していない人は，事業主拠出はなく被保険者拠出のみである。

2-3 国民負担率

私たちはどれくらい社会保障の財源を負担しているのだろうか。それを知るための概念が**国民負担率**である。先に挙げた被保険者拠出の保険料と事業主拠出の保険料の合計である**社会保障負担**と，**租税負担**の合計を，**国民負担**と呼ぶ。その国民所得またはGDPに対する割合を「国民負担率」という。日本では国民所得に対する国民負担の割合は2014（平成26）年度で42.6%（財務省発表），2015年度の推計値は43.4%と過去最高になる見通しである。OECD各国と比較した場合，北欧やフランス，イタリアなどが

60％を超えている一方で、日本の国民負担率は約43％と低い。また、デンマークやニュージーランド、カナダ、オーストラリアなどは租税負担が大部分を占めているが、日本のように租税負担率がそれほど高くない国々も多く、各国の社会保障の財源の形態がさまざまである。

3 年金制度

　本節以降は、社会保障政策の中心である社会保険のうちの年金保険、医療保険、介護保険と、生活保護のそれぞれの制度について、その役割や機能を詳しく見ていく。まずこの節では、日本における年金制度について概観する。

　公的年金制度は、社会保障政策の中心的な制度の1つである。年金（本節では、老齢年金を指す）は、高齢期の所得獲得能力の低下というリスクに対する保険で、社会保障の中でも社会保険の1つとして分類される[2]。高齢期に安定した生活を送ることができるよう、事前に国民全体で保険料を出し合い、年金給付を受ける**国民皆年金**の仕組みとなっている。ではなぜ、民間の保険ではなく、公的な年金制度が必要なのだろうか。1-2項で述べたように、個人は近視眼的であったり、何歳まで生きるか予期できないため、高齢期に向けて十分に貯蓄ができない可能性がある。そのため、民間の保険では逆淘汰の問題により、全員のリスクに対応できないおそれがある。そこで、若いときに政府が保険料を徴収し、高齢期に年金として受け取るのである。

3-1 日本の公的年金制度

年金には，**賦課方式**と**積立方式**の2つの運営方式がある。賦課方式は，現役時代に保険料を負担し，引退後はその時点の現役世代が負担する保険料から年金を給付する仕組みである。これに対し，積立方式は，年金の原資を現役時代に積み立てておく仕組みである。日本の公的年金制度は，基本的には賦課方式で運営されており，20歳以上60歳未満のすべての人が被保険者として保険料を負担し，**受給開始年齢**[2]になった人全員が亡くなるまで年金を受給することができる。

日本の公的年金制度は2階建ての仕組みとなっている。1階部分は，日本国内に住所を有する20歳以上の人全員が加入する**国民年金（基礎年金）**で，2階部分は会社などに勤める人が加入する**厚生年金**となっている。国民年金の受給額は定額だが，厚生年金は現役時代の所得に応じて金額が決まる報酬比例である。被保険者は働き方によって3つのタイプに分けられている。まず**第1号被保険者**は自営業，無職者，学生が該当し，**第2号被保険者**はサラリーマンや公務員が，**第3号被保険者**は第2号被保険者の配偶者で専業主婦などのうち，年収が一定額以下（2016年現在は年収130万円以下）の人が該当する。

第1号被保険者は，全員同額の**国民年金保険料**を支払う（2015年度は毎月1万5590円。これに上乗せして，任意で「国民年金基金」に加入することもできる）。第2号被保険者は国民年金と同時に被用者年金である厚生年金に加入する（2015年10月より共済年金も厚生年金に統合された）。第2号被保険者が支払う保険料は，国民年金と厚生年金をあわせた保険料が給与収入から定率で徴収され，保険料の半額は事業主が負担し，半額を被保険者本人が負担する労

使折半の仕組みとなっている。給付される年金額は現役時代の報酬に比例して決まる。生涯所得の多い人の方が少ない人よりも，より多くの年金を受給することとなる。しかし，両者の年金受給額の差は，現役時代の収入の差よりも小さくなっており，所得再分配機能が働いている。国民年金は，保険料の納付済み期間と免除期間と合算対象期間の合計が10年以上（2017年10月より10年に短縮。それまでは25年であった）であれば，65歳から受給が可能である[4]。厚生年金の従来の支給開始年齢は60歳だが，段階的に引き上げている最中である。第3号被保険者は保険料の支払いをすることなく国民年金が支給される仕組みとなっている。しかしながら，専業主婦・主夫といった一定の所得額以下の配偶者がいる家計が優遇されているという指摘もなされており，不平等感から議論の対象になっている。私たちがどのタイプの被保険者であるかという履歴は，**基礎年金番号**で政府に管理されており，2015年10月から導入された**社会保障・税の共通番号（マイナンバー）** と対応して記録されている。

3-2 年金制度改革

平均余命の伸びから将来の年金給付費の増加が，さらに現役人口の減少から年金の保険料収入の減少が予想されている。年金制度の長期的な安定運営のために給付と負担のバランスを再考する必要が出てきた。そこで，2004年の**年金制度改革**で**マクロ経済スライド**が導入された（2015年4月にデフレから脱却した際にはじめて実行された）。これは，保険料の上限を設定し，人口と経済の見通しから財源の範囲内で給付水準を自動的に調整する仕組みである。マクロ経済スライドの導入により給付が調整されることになった

が，年金は，実際どの程度支給されるのだろうか。その指標となるのが**所得代替率**という考え方である。これは，その時点の現役世代の手取収入に対して，夫婦2人のモデル世帯が受け取る年金額の割合を示す。

2014年の財政検証では，労働力率が高まり経済の再生が進めば，所得代替率は50%を超える見通しだが，そうでない場合は50%を下回る可能性も指摘された。

4 医療保険制度

日本は戦後，世界一の長寿社会を達成している。その理由として，日本食を中心とした食生活や清潔な文化，医学の進歩等，さまざまな理由が考えられるが，忘れてはならないのが，公的医療保険制度である。1961年に国民全員を公的な医療保険で保障するべく実現された。これにより，誰でも低コストで公平な医療サービスを受けられることとなった。また，GDPに占める医療費の割合も10.2%（OECD Health Statistics 2015）で，OECD平均の8.9%と，比べても決して高いわけではない。公的医療保険により，効率的な医療サービスが提供され，国民は高い保険医療水準を享受できることとなった。

本節では，政府が提供する公的な医療保険制度について，その仕組みと経済学的な役割を考察する。

4-1 日本の医療保険制度

日本の医療保険制度には3つの大きな特徴がある。まず1つめ

に，**国民皆保険制度**である。これは国民全員が公的な医療保険に加入する仕組みである。加入する医療保険の種類は，年齢，勤務先あるいは居住地によって大きく3種類に分かれている。まず，会社員・公務員とその扶養家族は協会けんぽ，健康保険組合，共済組合などの**被用者保険**に加入する。75歳未満の被用者保険非加入者や自営業者・自由業・無職者は市区町村ごとに運営される地域保険である**国民健康保険**に加入する。そして，75歳以上になると全員が**後期高齢者医療制度**に加入する。すべての人が被用者保険，国民健康保険，後期高齢者医療制度のどれかに加入することになっているため，「国民皆保険」と呼ばれる。

2つめの特徴として，**フリーアクセス**が挙げられる。これは，加入している保険を問わず，患者が自由に医療機関を選べる仕組みである[5]。

3つめの特徴として，**診療報酬点数制**というものがある。これは，政府が医療サービスの価格である「診療報酬」を全国一律に決定する仕組みである（保険外診療はこれに当てはまらない）。医療費のうち，患者が医療機関の窓口で支払うのは**自己負担分**のみで，残りは保険料と公費で支払われる。**自己負担率**は年齢に応じて決められており，義務教育前は2割，義務教育就学後70歳未満は3割，70～74歳は2割，75歳以上は1割である。ただし，子どもの自己負担率は，自治体によってさまざまであり，近年は中学卒業まで自己負担無料を掲げている自治体もある。また，患者がひと月に支払う自己負担分が一定額を超えると，それ以上負担しなくてもよい**高額療養費制度**もある。

4-2 基本的な医療保険制度とその役割

223ページで示した図10-1にあるように医療保険も社会保険の1つである。被保険者が皆で事前に保険料を支払っておき，病気になった場合，医療サービスを受ける際の治療費の一部または全額を皆から集めた保険料でまかなう仕組みである。医療保険により治療費という経済的なリスクを回避することができる。

しかしながら近年，**国民医療費**が急速に増加していることが問題となっている。国民医療費とは，医療保険・公費負担による給付と患者が支払った医療費の合算である。高齢化の進展と高度な医療技術の発展により，国民医療費は今後も伸びていくことが懸念されている。

では，公的な医療保険でどの程度，医療費をカバーするべきだろうか。もし医療費の全額を医療保険でカバーし，患者の自己負担をなくすと，どういった問題が起きるのであろうか。そこには，医療保険により発生するモラル・ハザードの問題がある。ここでのモラル・ハザードは，保険者は被保険者が食生活の改善や運動にどれだけ努力や注意を払ったか正確に観察できない情報の非対称性により起こる。このとき，治療費を全額カバーする保険があると，被保険者は食生活の改善や運動などの健康に対する努力や注意をする**インセンティブ**がなくなってしまう。また被保険者は医療サービスを過剰に利用するインセンティブを持つ。こうして，医療保険により人々は消費の平準化ができる一方で，モラル・ハザードが発生することに注意しよう。

それでは，ここまで説明した医療保険について，簡単なグラフで考えてみよう。図10-3は，医療サービスの需要と供給の関係を表している。縦軸に医療サービスの価格（一度の診察にかかる価

図 10-3 医療サービス市場の需要と供給

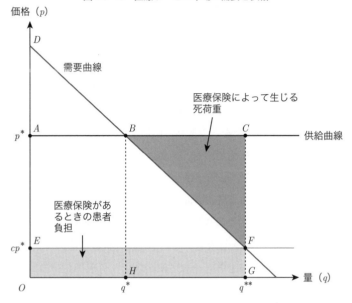

格,と考えてもよい),横軸に量(病院へ行く頻度)をとる。医療サービスの価格が高くなると,患者は病院に行く頻度(需要量)を減少させるので,需要曲線は右下がりである。供給側である病院側は,医療サービスの限界費用は一定で,価格は政府によって決められているため,供給曲線は水平と仮定する。まず,ケース1として公的な医療保険が存在しない場合を考える。このとき,医療保険がないので,患者は医療費の100%を自己負担する。患者が直面する価格が p^* の水準である場合,量(病院へ行く頻度)は需要曲線と供給曲線の交点 B の病院へ行く頻度 q^* となる。この患者が病院の窓口で支払う総医療費は四角形 $ABHO$ の面積と等しくなる。消費者余剰は三角形 ABD である。社会全体の厚生で

ある総余剰は，供給曲線が水平なので，消費者余剰と等しくなる。

次に，ケース2として，医療保険が存在して，一定割合の自己負担で医療サービスを受けることができる場合を考える。医療費のうち c の割合だけを自己負担し，残りの $(1-c)$ は医療保険によって支払われるとする。このとき，患者が直面する価格は $c \times p^*$ で，需要量は点 F の q^{**}，患者が窓口で支払う総医療費は四角形 $OEFG$ の面積となる。つまり，医療保険の導入によって，需要量は q^* から q^{**} に増加する。消費者余剰は三角形 DEF の面積となる。ただし，四角形 $EACF$ の面積分の保険料を支払わなければならない。この患者が直面する私的な限界費用は $c \times p^*$ だが，実際にかかる社会的な限界費用は p^* であり，過剰に医療サービスを受診していることになる。したがって，医療保険の導入により，医療保険がないときと比べて総余剰は三角形 BCF だけ減少する。これが，医療保険によって過剰な需要が発生するというモラル・ハザードによる**死荷重**である。つまり，医療保険があることで，私たちは高額の医療費の請求に怯えることなく安心して医療サービスを受けることができる一方で，モラル・ハザードによる厚生の損失が起こるというトレードオフに直面することになる。

日本では，前述のように，病院の窓口で患者が支払う自己負担率が定められている。図10-3より，自己負担の割合が低ければ，モラル・ハザードによる死荷重は大きくなる。一方で，患者が窓口で支払う金額は少なくなる。逆に，自己負担が大きければ，死荷重は小さくなるが，患者が病院窓口で支払わなければならない医療費は大きくなる。つまり，自己負担率によって，死荷重，つまり厚生損失の大きさをコントロールすることができるのである。

それでは，どの程度を保険でカバーし，どの程度を患者が自己

負担するのがよいだろうか。自己負担率を引き上げると，患者が窓口で支払う医療費が上がる。すなわち，医療サービスへの需要量も変化する。

ここで，医療サービスの**需要の価格弾力性**の考え方が重要になってくる。厚生損失の大きさは，医療サービス需要の価格弾力性の大きさにも依存する。需要の価格弾力性とは，「価格が1%上がったときに，需要量が何%変化するか」を表す。需要の価格弾力性が大きいと，もし自己負担率が引き上げられた場合，患者が直面する価格が高くなるので，需要を大きく減らす。一方，需要の価格弾力性が小さいときには，需要はそれほど変化しない。たとえば，軽い風邪や軽症の怪我などの場合は需要の価格弾力性が高く，もし自己負担率が低くなると（つまり，患者が窓口で支払う価格が安くなると）必要以上に病院に行き，医療保険での支払いを増加させ，社会の厚生損失は大きくなるだろう。自己負担率の引き上げによって，保険給付を抑制することができ，経済厚生の損失を小さくすることができるが，その効果は需要の価格弾力性の大小に依存するということである。さらに需要の価格弾力性が大きいとき，もし健康水準が医療サービスの需要と正の相関を持つならば，自己負担率の引き上げは，需要を過度に抑制し，健康に負の影響を与える可能性もある。そのために，医療サービスの需要の価格弾力性が，疾病や年齢によってどの程度であるかを検証することは，エビデンスに基づく政策立案のために重要な課題となっている。

5 介護保険

日本では 2000 年 4 月より**介護保険制度**が導入された。介護保険は，年金，医療保険と並び，社会保険の 1 つである。高齢化により介護保険サービスの利用者は増加の一途をたどるだろう。本節では，介護保険制度の導入とその仕組みについて考える。

5-1 介護の特徴と介護保険の発足

介護保険は，寝たきりや認知症など，介護を必要とする状態になるリスクやなったときの介護負担を社会で分散する仕組みである。介護には以下にあげるような 2 つの特徴がある。1 つめの特徴として，・高・齢・期・に・集・中していることにある。今後，人口の高齢化がますます進むにつれて，介護を必要とする**要介護者**の数は増え続けることが予想される。2 つめの特徴として，介護をする側である介護者の多くが家族，とくに女性である。介護はいつまで続くかわからないことも多く，**介護離職**など介護者の就業や経済的便益に影響を与えることが問題となっている。

そこで，同じリスクを抱えた人が保険料を出し合い，規定された事故（ここでは要介護の状態になること）が起こった場合に保険給付を受けられる**社会保険**の仕組みとして介護保険制度が発足した。介護保険導入前にも似たような制度はあったが，社会保険ではなく**福祉**であると考えられていたため，サービスの受給者は低所得者に限定されたものであった。さらに，サービスが必要な人に対して，その必要性を行政が判断し，行政の権限でサービスを

238 第Ⅱ部 経済政策の実際

提供するという**措置制度**がとられていた。そのため，利用者自身が介護サービスや介護施設を選択できず，介護施設の不足や供給の効率性も問題となっていた。また，社会保険方式の医療と福祉である介護の2つの異なる制度のもとで，介護サービスが提供されていた。そこでは，医療が介護の代替策として捉えられ，入院の必要性が低いにもかかわらず，患者や家族の事情により長期入院を続ける**社会的入院**が発生していたことも介護保険制度導入の背景にある。社会保険制度として介護保険を導入したことにより，利用者は所得ではなく，介護の必要性（後述の要介護認定）によって判断され，利用者の需要を反映した介護サービスの供給が行われるようになった。また営利・非営利企業の新規参入も認められることとなり，より効率的なサービスの供給を行えるようになった。

5-2 介護保険制度の概要

次に，2000年4月に導入された介護保険制度の概要を紹介する。介護保険の保険者は**市町村**で，被保険者は**40歳以上**の人全員である。つまり，40歳以上であれば皆強制的に介護保険制度に加入することとなる。65歳以上の第1号被保険者と40歳から64歳の第2号被保険者はそれぞれ異なる保険料を支払う。

介護サービスの給付対象は，65歳以上の第1号被保険者で**要介護認定**を受けた人と，第2号被保険者のうち初老期認知症や脳血管障害などの老化が原因の特定疾患により要介護状態にある人である。医療保険は，個人の判断で医療サービスの受診を決められるが，介護保険は要介護認定を受けて認められた場合にのみ利用できる。

介護保険を利用したい場合，まずは市町村の窓口に申請し，認定された要介護度に基づいて，ケアマネージャーがケアプランを作成し，それに合った介護サービスが**現物給付**される。「要支援1」が最も軽く，次いで「要支援2」，さらに介護が必要な状態が「要介護1」から「要介護5」（要介護5が最も介護が必要な状態で，日常生活全般について全面的な介助が必要な状態）まである。「要支援1」と「要支援2」では，介護を予防するための**予防給付**が給付され，介護予防サービスや地域密着型介護予防サービスを受けることができる。「要介護1」から「要介護5」と認定された場合は，**介護給付**が給付され，施設サービスや居宅サービス，地域密着型サービスを介護保険で利用することができる。

　利用者が介護サービスを利用したときに支払う自己負担額は，費用の1割（第1号被保険者で前年の所得が160万以上の場合などは2割）となっている。これは自分が受けた利益，つまり，自分が受けたサービスに応じて負担する**応益原則**となっている。

　介護費用から自己負担分を引いた額を**介護給付費**と呼ぶが，その介護給付費の財源は，介護保険料と公費が半々となっている。公費は国が25％を負担し，都道府県と市町村が残りの12.5％ずつを負担する。3年ごとに，介護サービスの費用である**介護報酬**や保険料が見直されるが，介護給付費の増加に伴い，第1号被保険者の保険料も第2号被保険者の保険料も，2000年の導入から現在まで増加し続けている。

6 低所得者支援と生活保護

国民が、憲法第 25 条で定められた「健康で文化的な最低限度の生活」を維持することができるよう、深刻な経済状況にさらされた低所得者に対しては、生活保護を中心とした公的扶助の仕組みがある。本節では、生活保護の概要とその役割について考えてみよう。

6-1 生活保護制度の概要

生活保護は生活保護法第 1 条により、「日本国憲法第 25 条に規定する理念に基き、国が生活に困窮するすべての国民に対し、その困窮の程度に応じ、必要な保護を行い、その最低限度の生活を保障するとともに、その自立を助長することを目的とする」とされている。つまり、国は、生活に困窮する人々に最低限度の生活を保障することと、自立を助長するために生活保護制度を定めている。「最低限度の生活を保障する」ことはわかりやすいが、「自立を助長する」ことに関しては、生活保護をもらっていても、勤労意欲を失うことなく、自立した生活に導くことを指している。

生活保護の仕組みは、ここまで見てきた年金や医療保険、介護保険といった社会保険の仕組みと大きく異なっている。それは、生活保護の大きな特徴が、財源が公費であることである。保険は本来、**排除原理**という性質があり、保険に加入していないものには給付は行われず、加入していても保険料の拠出実績が不十分であると（年金を想定していただきたい）、満額の給付が行われないこ

とがある。一方で、生活保護は拠出実績を問わず必要な人は誰でも給付を受けられる公的扶助の仕組みである。しかしながら、生活保護を受けるには、**ミーンズ・テスト（資力調査）**によって厳格に審査される。ミーンズ・テストで収入や資産が一定水準を下回ることが受給の要件である。生活保護を受ける世帯の世帯員全員が、最低限度の生活の維持のために、利用しうる資産や能力など、あらゆるものを活用することが前提となっている。たとえば、預貯金はもちろん、生活に利用されていない土地・家屋等があれば売却し、生活費に充てるよう資産を活用する必要がある。働くことが可能な場合は、その能力に応じて働くよう、能力の活用も求められる。また、年金や手当などの他の制度で給付を受けることができる場合はまずそれらを活用し、親族等から援助を受けることができる場合は援助を受けること、とされている。

では、最低限度の生活に必要な所得水準はどのようにして決まるのであろうか。生活保護は各種費用に対応して扶助が支給される仕組みになっている。たとえば、食費・被服費・光熱費等の日常生活に必要な費用に対応する**生活扶助**、アパート等の家賃に対する**住宅扶助**、医療サービスの費用に対する**医療扶助**、義務教育を受けるために必要な学用品費等を対象とする**教育扶助**などである。これらの合計が**最低生活費**で、最低限度の生活に必要な所得水準を示す。

ミーンズ・テストにより、資産や能力、その他の給付など、あらゆるものを活用してもなお最低限度の生活が維持できないことがわかった場合、収入では最低生活費に足りない差の部分を補足する形で、生活保護費が給付される（図10-4）。これを**補足性の原則**と呼ぶ。補足性の原則では、もしたくさん働いて収入が多く

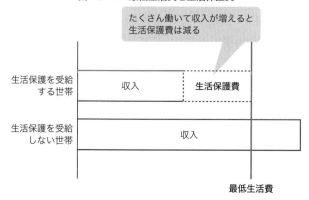

図 10-4 最低生活費と生活保護費

なれば、最低生活費との差は縮まるので、生活保護費は少なくなる。そのため、生活保護費の給付が、勤労意欲を阻害する可能性がある、というモラル・ハザードの問題がある。

6-2 生活保護の問題点と解決策

　生活保護によって勤労意欲が阻害され、貧困から抜け出せない状態になることを**貧困の罠**という。実際の生活保護制度では、就労収入が増加したとき、生活保護費がその増分と同じだけ減らされるわけではない。それが「勤労控除」という仕組みである。勤労控除は、勤労意欲の増進を図るとともに就労収入を得るのに伴う必要経費を補填するものである。最低生活費に控除額を加えた額が可処分所得となるため、就労収入が増加してもその分基礎控除が増加するという仕組みは、勤労意欲の抑制を小さくする工夫となっている。

　さらに、この問題へのより有効な対策として、**負の所得税**とい

う考え方がある。ある所得レベル以上の所得層には課税し，その所得レベル以下の人には「負の所得税」を給付する仕組みである。基準となる所得から，乖離しているほど給付額（高所得の人は課税額）が大きくなる仕組みである。

　また，**給付付き税額控除**という仕組みも勤労意欲抑制に効果があるのではないかと考えられている。所得額に税率を乗じたものが所得税額となるが，その所得税額から一定の金額を控除する仕組みが税額控除である。給付付き税額控除は本来の所得税額よりも控除する税額が大きいとその差額分が給付される仕組みである。海外では，アメリカやイギリスなどでも勤労所得税額控除という仕組みで導入されている。しかしながら，負の所得税も給付付き税額控除も勤労意欲抑制の防止に対して効果的ではあるが，その財源の確保が難しいため日本ではなかなか実現に至らないのが現状である。

7 おわりに
日本の社会保障政策の今後の課題

　人口の高齢化が進む中，社会保障が果たす役割はますます重要なものとなっている。それと同時に，年金制度の維持可能性や医療費や介護保険給付費，生活保護受給世帯の一層の増加が懸念されている。社会保険は，現役世代が保険料を支払い，給付を受けるのは高齢者である場合が多く，世代と世代の助け合いを意味する「世代間扶養」が機能している。しかしながら，世代によって受益と負担のバランスが異なっていることが問題となっている。人口が順調に増加していき，経済成長が維持されるのであれば，

受益と負担の世代間格差はそれほど大きくならないが，現在のように人口が減少し，低成長が続くと若者世代が主に負担を背負う形になってしまう。社会保障制度の長期的な安定運営のためにも，給付と負担のバランスを見直すことが求められている。医療保険制度は，医療技術の高度化に伴い，国民医療費が過去最高を更新している。自己負担の少ない高齢者が増えたことにより，患者の窓口負担は少なく，現役世代や公費による負担が増加している。今後，高所得の高齢者に対して自己負担率や高額療養費制度の見直しが進められるだろう。介護保険制度は，2005年，2011年の改正で市町村の権限を強化することにより，より地域の実情にあった介護サービスを提供できるよう，「地域密着型サービス」が開始された。各市町村は地域の実情をふまえて，介護だけでなく，住まいや医療，予防，生活支援と一体的に，地域住民の介護ニーズに対応することが今後求められている。

　家族の形が変化し，社会の人口構成が変わる中，効率的に社会保障を運営するために今後も社会保障政策はますます変化が必要になるだろう。年金の受給開始年齢を遅らせることや，高齢者の自己負担率を増加させるなど，政策が変化したときに，どのような影響がどれくらいの大きさで出るのかをエビデンスに基づいて議論することが重要である。

[菅野　早紀]

注）
1) 小塩・田近・府川（2014）では，公的扶助と社会福祉は1つのカテゴリーにまとめられているが，ここでは生活保護について第6節で取り上げるため，独立させた。
2) 国民年金は，老齢になった際に支給されるだけでなく，障害を負っ

た場合や家族が亡くなった場合の遺族に対しても支給される。老齢になった際に支給される国民年金を「老齢基礎年金」と言い，いわゆる「年金」と言われるものはこれを指すことが多い。2つめの国民年金として「障害基礎年金」というものがある。これは，年金に加入している途中で，病気や怪我などを原因とする障害を持った場合に支給される。3つめの国民年金として「遺族基礎年金」があり，これは年金加入者や年金受給者が死亡した場合に遺族に対して支給される年金である。

3) 日本での老齢年金の支給開始年齢は，男女および生年月日によって異なる。2016年現在国民年金が原則として65歳，厚生年金は60歳から65歳へと段階的に遅くなっている。

4) 希望すれば60歳から65歳になるまでの間でも繰り上げて受給することができるが，その場合は減額され，一生その金額が支給されることとなる。逆に，65歳以降に繰り下げ受給をする場合は，支給される年金額は増額される。

5) 近年，大学病院を中心に大病院の役割と地域の診療所・病院の役割を分けるために，大病院の受診の際にはまず地域の医療機関で紹介状をもらうか，初診料に追加して数千円の負担をすることになっている。

練習問題

10-1 年金が強制貯蓄の仕組みとなっていることを正当化する理由を述べなさい。

10-2 医療保険におけるモラル・ハザードの問題と，その解決策について述べなさい。

10-3 介護保険制度の導入の背景について述べなさい。

文献ガイド

(1) 椋野美智子・田中耕太郎 (2016)『はじめての社会保障 —— 福祉を学ぶ人へ (第13版)』有斐閣。
 ・ はじめて社会保障について学ぶ際に，非常にわかりやすい本である。

(2) 小塩隆士 (2013)『社会保障の経済学 (第4版)』日本評論社。
 ・ 経済学における社会保障についての代表的な教科書である。

数式が豊富で，学部上級学年向けであるが，学部生が勉強するには大変有益であろう。
(3) 小塩隆士・田近栄治・府川哲夫（2014）『日本の社会保障政策——課題と改革』東京大学出版会。
 - 近年の社会保障政策について詳しく紹介されている。小塩（2013）と補完的に読まれるとよい。
(4) J. Gruber (2015) *Public Finance and Public Policy*, 5th ed., Worth Publishers.
 - アメリカの公共経済学・公共政策の有名なテキストである。社会保障についても，年金制度，医療保険，失業保険などがしっかり網羅されている。

参考文献一覧

■ 第2章　経済政策論の基礎
岸本哲也・入谷純編（1998）『公共経済学』八千代出版。
「経済財政運営と改革の基本方針2016——600兆円経済への道筋」。
神戸大学経済経営学会編（2016）『ハンドブック経済学（改訂版）』ミネルヴァ書房。
野尻武敏（1976）『経済政策原理（増補）』晃洋書房。
　　(http://www5.cao.go.jp/keizai-shimon/kaigi/cabinet/2016/2016_basicpolicies_ja.pdf)

■ 第3章　社会政策論の基礎
マックス・ヴェーバー（富永祐治・立野保男訳，折原浩補訳，1998）『社会科学と社会政策にかかわる認識の「客観性」』岩波文庫。
エドゥアルト・ハイマン（野尻武敏・足立正樹訳，1987）『近代の運命』新評論。
W. A. ロブソン（辻清明・星野信也訳，1980）『福祉国家と福祉社会——幻想と現実』東京大学出版会。
野尻武敏（1997）『第三の道——経済社会体制の方位』晃洋書房。

■ 第4章　マクロ経済政策の基礎
笹山茂・坂上智哉編（2015）『マクロ経済学入門（トリアーデ経済学3）』日本評論社。
財務省（2016）「平成28年度一般会計予算（平成28年3月29日成立）の概要」。
　　(http://www.mof.go.jp/tax_policy/summary/condition/002.htm)

■ 第5章　ミクロ経済政策の基礎
奥野正寛編著（2008）『ミクロ経済学』東京大学出版会。
小塩隆士（2016）『公共経済学』東洋経済新報社。
神取道宏（2014）『ミクロ経済学の力』日本評論社。
財務省ホームページ「酒税の税率」。
　　(http://www.mof.go.jp/tax_policy/summary/consumption/123.htm：2016年8月16日アクセス)

■ 第6章 産業政策

岡崎哲二（2002）「『傾斜産業』と日本経済の復興」原朗編『復興期の日本経済』東京大学出版会。

香西泰（1984）「復興期」小宮隆太郎・奥野正寛・鈴村興太郎編『日本の産業政策』東京大学出版会。

公正取引委員会（1989-2015）『公正取引委員会年次報告』。
（http://www.jftc.go.jp/soshiki/nenpou/）

消費者庁「公共料金の窓」。
（http://www.caa.go.jp/information/koukyou/koukyou03.html）

内閣府（2006）『構造改革評価報告書6』。
（http://www5.cao.go.jp/j-j/kozo/2006-12/hontai.pdf）

山脇秀樹（1984）「鉄鋼業」小宮隆太郎・奥野正寛・鈴村興太郎編『日本の産業政策』東京大学出版会。

Demsetz, H. (1968) "Why Regulate Utilities?" *Journal of Law & Economics*, 11 (1), 55-65.

Duke, R. M., Johnson, R. L., Mueller, H., Quails, P. D., Rosh, C. T., and Tar, D. G. (1977) *The United States Steel Industry and Its International Rivals: Trends and Factors Determining International Competitiveness*, Washington D. C., Federal Trade Commission.

■ 第7章 農業政策

荏開津典生・鈴木宣弘（2015）『農業経済学（第4版）』岩波書店。

嘉田良平（1998）「先進諸外国における農政論の最近の動向」藤谷築次編『農業政策の課題と方向』家の光協会。

衣笠智子（2016）「日本の農業政策の展望」Kobe University Discussion Paper, No. 1640.

山口三十四（1982）『日本経済の成長会計分析——人口・農業・経済発展』有斐閣。

山口三十四（1994）『新しい農業経済論』有斐閣。山口三十四（2006）「農業と人口」山口三十四・足立正樹・丸谷冷史・三谷直紀『経済政策基礎論』有斐閣，第8章，157-175頁。

■ 第8章 環境政策

天野明弘（1997）『地球温暖化の経済学』日本経済新聞社。

高村ゆかり（2016）「パリ協定で何が決まったか——その評価と課題」『環境と公害』45（4），33-38。

EDMC（2016）『エネルギー・経済統計要覧』日本エネルギー経済研究所・計量分析ユニット編，省エネルギーセンター。

Fullerton (2001), "A Framework to Compare Environmental Policies," *Southern Economic Journal*, 68 (2), 224-248.

Hardin, Garrett (1968), "The Tragedy of Commons", *Science*, 162, 1243-1248.

Kitson, L., Wooders, P. and Moerenhout, T. (2011) "Subsidies and External Costs in Electric Power Generation: A Comparative Review of Estimates", *Research Report*, the International Institute for Sustainable Development.

Kossoy, A., Peszko, G., Oppermann, K., Prytz, N., Klein, N., Blok, K., Lam, L., Wong, L., and Borkent, B. (2015) *State and Trends of Carbon Pricing 2015 (September)*, Washington, D. C., World Bank.

■ 第9章　労働政策

大内伸哉・勇上和史（2014）「労働市場の望ましいルールとは――労働法」柳川隆・高橋裕・大内伸哉編『エコノリーガル・スタディーズのすすめ――社会を見通す法学と経済学の複眼思考』有斐閣，第4章，117-138頁。

佐野晋平・勇上和史（2014）「経済学から見た有期労働契約」大内伸哉編『有期労働契約の法理と政策――法と経済・比較法の知見をいかして』弘文堂，第3章，246-281頁。

菅野和夫（2004）『新・雇用社会の法（補訂版）』有斐閣。

Boeri, T. and van Ours, J. (2013) *The Imperfect Labor Markets*, 2nd ed., Princeton University Press.

Borjas, George J. (2015) *Labor Economics*, 7th ed., , McGraw-Hill Medical.

■ 第10章　社会保障政策

小塩隆士・田近栄治・府川哲夫（2014）『日本の社会保障政策――課題と改革』東京大学出版会。

索　引

■ アルファベット

COP21　170
Ｄ　Ｒ　→ドーハ・ラウンド
EPA　→経済連携協定
FTA　→自由貿易協定
GATT ウルグアイ・ラウンド（UR）　156
GDP　74
ILO　→国際労働機関
TPP　→環太平洋パートナーシップ協定
Ｕ　Ｒ　→GATT ウルグアイ・ラウンド
WTO　→世界貿易機関

■ あ　行

青の政策　157
赤字国債　86
アクティベーション　218
アジア型農業　156
アドバース・セレクション　→逆淘汰
アベノミクス　5, 24
飴と鞭の政策　54
安全最小基準　183
安定化政策　76
遺族扶助料制度　57
一億総活躍社会　23, 104
一般会計　226
医療扶助　242
インターバンク市場　94
インフレ　104
インフレ・ターゲット（政策）　7, 96
インフレ率　5
ヴェーバー（Max Weber）　52

失われた 10 年　3
失われた 20 年　2, 4
売りオペ　95
エンゲルの法則　160
応益原則　240
大きな政府　34
オークション　143, 188
汚染者負担原則　187
オープン・アクセス資源　174
親方（マイスター）家父長的責任　56
オールド自由主義　38, 40
温室効果ガス　10

■ か　行

買いオペ　95
海外生産比率　13
外貨準備　95
解雇規制　211
介護給付　240
介護給付費　240
解雇権濫用法理　211
介護報酬　240
介護保険制度　11, 238
介護離職　238
買手独占　205
外部経済　123
外部性　121, 178
　技術的――　123
　金銭的――　123
　正の――　123, 198
　負の――　123
外部費用　179
　――の内部化　183
外部不経済　123, 179
外部労働市場　196

価格規制　115, 143
価格効果　121
価格支配力　197
価格受容者　113, 202
価格設定者　121
格差原則　42
下限価格規制　115
可処分所得　83
家族に対する疾病給付　57
価値自由　52
価値判断　52
　——への自由　53
　価値判断論争　52
課徴金減免制度　140
課徴金納付命令　139
貨　幣　90, 93
貨幣供給量　89, 93
貨幣乗数　92, 94
可変費用　111, 209
カーボン・プライシング　172
カルテル　140
カレント・アクセス　157
カロリーベース食糧自給率　154
為替レート　5, 159
環境税　186
関　税　119, 157
完全競争　196
完全雇用政策　199
完全情報　202
環太平洋パートナーシップ協定
　（TPP）　149, 158
官　僚　36
機会の平等　28, 109
企業結合規制　139, 141
企業特殊的技能　212
企業内訓練　194
気候変動問題　170, 175
規制改革　17
規制緩和　38, 144
規制政策　142
基礎年金　230

基礎年金番号　231
黄の政策　157
規範的基本目的　30
逆淘汰　125, 225, 226
求職者支援制度　217
給付付き税額控除　244
教育扶助　242
供給曲線　112
行政国家　36
競争政策　137
競争秩序　40
京都議定書　10, 12, 173
共有地（共有資源）　124, 174
許可証取引　187
均一拠出・均一給付　61
均衡財政　82
均衡財政乗数　83
金融緩和　89
金融再生関連法　6
金融引き締め　89
勤労控除　243
クラウディング・アウト　79, 90
クラブ財　124
グランドファザリング　188
グリーン・ツーリズム　167
グローバリゼーション　156
計画経済体制　44
景気循環　76
経済厚生　→総余剰
経済効率の達成　27
経済財政運営と改革の基本方針　23
経済政策　23
　——の基本目的　26
経済成長率　3
経済連携協定（EPA）　158
ケインズ型消費関数　80
ケインズ政策　41
欠　員　214
結果の平等　28, 109
ケネディ・ラウンド　135
限界外部費用　180

索　引　253

限界効用　110
限界効用曲線　111
限界支払意思額　110
限界収入　112
限界消費性向　80
限界費用　112
限界費用曲線　112
原価補償方式　145
現　金　90
公開市場操作　95
高額療養費制度　233
後期高齢者医療制度　11, 233
公共財　121, 123, 176, 225
公共選択論　35
公共部門の肥大化　37
貢献原則　28
構成的基本目的　29
公正取引委員会　135, 139
厚生年金　230
講壇社会主義者　51
公的医療保険制度　232
公的扶助　241
高年齢者雇用安定法　12
公　費　228
効　用　110
合理性原則　32
国　債　84
国際競争力　135
国際労働機関（ILO）　63
国内価格支持　150
国内総生産（GDP）　74
国民医療費　234
国民皆保険（制度）　229, 233
国民健康保険　233
国民主権　35
国民年金　230
国民年金保険料　230
国民負担率　228
国民保険法　60
個人主義志向の新自由主義　38
国　家　33

——の家父長的な役割　224
国境調整措置　150
固定価格買い取り制度　13
固定費用　111, 142
古典的自由主義　39
コモンズ　124, 174
——の悲劇　175
雇用契約　199
雇用助成金　206
雇用の維持・創出　217
雇用保険制度　216
コール市場　94
コンパクトシティ　18

■さ　行

災害保険法　55
財産形成政策　41
財産権　39
再就職支援奨励金　→労働移動支援助成金
最小国家　39
財政赤字　37
再生可能資源　174
財政政策　79
再生不能資源　174
最低生活費　242
最低賃金制　203, 205
再分配政策　42
サブプライムローン問題　7
産業育成政策　131, 136
産業空洞化　17
産業政策　130
サンク・コスト　111
三元秩序構想　71
参入規制　143
死荷重　116, 138
自己所有権　39
市場経済体制　44
市場整合性の原則　41
市場の失敗　121, 198
自生的秩序　40

自然権　39
自然独占　142
持続可能な発展　170
失　業　213
　——に関する勧告　63
失業保険法　57, 63
実効為替レート　5
実効労働サービス　209
実質経済成長率　5
実質 GDP　77
実質実効為替レート　5
疾病手当　54
疾病保険法　54
私的限界費用曲線　180
私的財　124
私的情報　125
ジニ係数　15
社会改良主義　51
社会国家　198
社会政策　45, 49
社会政策学会　50
社会政策論　53
社会的限界費用曲線　180, 182
社会的市場経済　40
社会的入院　67, 239
社会的余剰　→総余剰
社会福祉　228
社会保険　224, 228
　——の原則　66
社会保障　222
社会保障関係費　226
社会保障計画　66
社会保障政策　222
社会保障・税の共通番号　231
社会保障と税の一体改革　12
社会保障法　65
社会問題　64
　新しい——　70
社会倫理的諸価値　29, 30
自　由　29
従価税　116

自由化命題　165
就業構造　13
集計化された経済変数　74
就職氷河期　195
住宅扶助　242
自由貿易協定（FTA）　158
従量税　116
受給開始年齢　230
需要曲線　111
需要の価格弾力性　160, 237
需要不足失業　213
準公共財　124
準固定費用　209
純粋公共財　124
消極的労働市場政策　199, 216
上限価格規制　115
少子高齢化　8, 11
乗数効果　81
消費者余剰　111
消費税　12
消費の平準化　223
消費の歪み　120
情報の非対称性　121, 125, 126, 197, 225
将来財　68
職業安定サービス　217
職業訓練　216
食糧管理制度　152
食糧管理法　152
食糧自給率　154
食糧法　152
所得格差　15
所得代替率　232
所得分配の格差　28
ジョブカフェ　217
資力調査　→ミーンズ・テスト
人格価値　29
新救貧法　59
人口オーナス　9
新古典派成長論　100
新・三本の矢　24

新社会主義　42, 44
新自由主義　38
新卒一括採用　195
新大陸型農業　156
人的資本　197
信用乗数　92, 94
信用創造　91
診療報酬点数制　233
数量効果　121
スティグマ　207
税　82, 228
生活困窮者自立支援制度　218
生活の質　27
生活必需品　160
生活扶助　242
生活保護　218, 241
生活保護制度　203
政策形成過程　25, 35
政策思想　26
制作主体　25
政策手段　25
政策目的　24
　——の体系　30
政策ラグ　106
生産の歪み　120
生産要素　75, 201
政治家　35
成長政策　76
政党　35
政府支出乗数　81
政府の失敗　37, 67
世界貿易機関（WTO）　158
世代間扶養　244
積極的労働市場政策　199, 216
絶対規準　183
ゼロ金利政策　7, 95, 96
専業農家　154
選挙プロセス　36
全国保険法　57
潜在GDP　77
潜在成長率　9

総括原価方式　145
総需要　79
総需要管理政策　45
総費用　111
総余剰　108, 113
措置制度　239

■た 行

第1号被保険者　230
第2号被保険者　230
第3号被保険者　230
第1種兼業農家　154
第2種兼業農家　154
多元社会　34, 36, 68
ただ乗り問題　→フリーライダー問題
短期　76
男女雇用機会均等法　12
炭素排出枠取引　187
地域格差　15
地域雇用開発助成金　206
地域密着型サービス　245
小さな政府　6, 33
地球温暖化問題　170
地方創生　18
超過供給　114
超過需要　114
長期　76, 99
直接規制　172
賃金支配力　197
賃金率　201
積立方式　68, 230
定常状態　100
デカップリング　167
デフレ　6, 77, 105
デフレギャップ　77
ドイツの新社会主義　43, 44
東京一極集中　15
統制的手段　184
投票　35
独占禁止政策　41
独占禁止法　139

独占利潤　121
特定求職者雇用開発助成金　206
特別会計　227
特区制度　17
ドーハ・ラウンド（DR）　158
ドーマー条件　88
トライアル雇用奨励金　206
取付騒ぎ　92

■な 行

内生的成長論　101
内部労働市場　196
ナショナル・ミニマム　43,66
二重価格制　151
入札談合　140
ニューディール政策　64
ネオ・コーポラティズム　68
年金制度
　　──改革　231
　　公的──　229
　　持続可能な──　11
年功賃金　194
農業協同組合　153
農業構造政策　151,153
農業政策　149,150
農業の経済への貢献　164
農業の公益的機能　164
農業の社会的意義　164
農業の特殊性　160
農業の文化的意義　165
農産物の所得弾力性　160
農地法　153

■は 行

廃疾年金　55
廃疾・老齢保険法　55
排出枠取引　173
排除原理　241
排除措置命令　139
ハイパワード・マネー　93
バッズ　172

バブル経済　3
パリ協定　10,170
パレート効率的（最適）　28,108
ハローワーク　217
非競合性　124,177
ピグー税　186
ピグー補助金　189
ビスマルク社会保険3部作　55
必要原則　28
1人当たりGDP　99
非排除性　124,177
被用者保険　233
平　等　29
平等主義　62
費用便益基準　182
貧困の罠　243
フィリップス・カーブ　105
フェビアン社会主義　43
賦課方式　68,230
不完全競争市場　121
不完全労働市場　209
不完備契約　212
福　祉　238
　　──の向上　27
福祉元年　67,227
福祉国家（体制）　37,67
福祉社会論　71
福祉多元論　72
不胎化政策　90
双子の赤字　6
物価水準　74
負の所得税　243
普遍主義の原則　66
プライスキャップ規制　145
プライス・テイカー　→価格受容者
プライス・メイカー　→価格設定者
プライマリーバランス　88
フリーアクセス　233
フリーライダー問題　124,177
プロレタリア　40
分配の公平の実現　28

索　引　257

平均費用 143
閉鎖経済 80
ベヴァリジ (William Henry Beveridge) 65
ベヴァリジ曲線 214
ベヴァリジ・プラン 43
ペティ=クラークの法則 160
豊作貧乏 160
法定準備率 92, 96
法定労働時間 208
保険料 228
補助金(政策) 118, 189
補足性の原則 242
ポリシー・ミックス 90

■ま 行

マイナス金利政策 7, 95, 98
マイナンバー →社会保障・税の共通番号
埋没費用 →サンク・コスト
マクロ経済学 74
マクロ経済スライド 11, 231
マクロ経済政策 74
　短期の―― 76, 78
　長期の―― 76
摩擦的失業 214
まちづくり3法 18
マネタリー・ベース →ハイパワード・マネー
マルクス主義 42, 44
見えざる手 39
ミクロ経済学 74, 108
ミクロ経済政策 108
ミスマッチ 214
緑の政策 157
ミニマム・アクセス 157
民営化 17, 38
民主制 34
ミーンズ・テスト 242
無期雇用契約 211
無担保コール翌日物金利 94

無知のヴェール 42
名目経済成長率 5
モラル・ハザード 125, 126, 224, 234

■や 行

夜警国家 39
ヤードスティック規制 145
八幡製鉄と富士製鉄の合併 135
友愛組合 59
有期労働契約 210
有権者 35
ユニバーサルサービス 146
要介護認定 239
余暇 201
預金 90
預金準備 96
予防給付 240

■ら 行

利益団体 37
リカード=バローの等価定理 85
利子率 79
リスク回避 223
リバタリアニズム 39
リベラリズム 41, 42
リーマン・ショック 4, 7
量的緩和政策 96
量的・質的金融緩和政策 7, 97
レッセフェール 40
レントシーキング 37
労使対等 200
労働移動支援助成金 217
労働供給曲線 202
労働契約 199, 212
労働時間 208
労働市場 194
　――の二重構造 212
労働市場政策 215
労働者派遣法 210
労働需要曲線 202

労働政策 196, 198
老齢年金 55
老齢年金法 60
6次産業化 166

■わ 行

ワーキング・プア 203
枠計画 45

■ 編者紹介

柳川　隆（やながわ・たかし）
神戸大学大学院経済学研究科教授

永合 位行（なごう・たかゆき）
神戸大学大学院経済学研究科教授

藤岡 秀英（ふじおか・よしひで）
神戸大学大学院経済学研究科教授

有斐閣コンパクト

セオリー＆プラクティス 経済政策
Theory & Practice Economic Policy

2017 年 3 月 25 日　初版第 1 刷発行
2020 年 12 月 25 日　初版第 3 刷発行

編　者　　柳　川　　　隆
　　　　　永　合　位　行
　　　　　藤　岡　秀　英

発行者　　江　草　貞　治

発行所　　株式会社　有　斐　閣

郵便番号101-0051
東京都千代田区神田神保町 2 - 17
電話(03) 3264 - 1315〔編集〕
　　(03) 3265 - 6811〔営業〕
http://www.yuhikaku.co.jp/

印刷・大日本法令印刷株式会社／製本・大口製本印刷株式会社
© 2017, Takashi Yanagawa, Takayuki Nago, Yoshihide Fujioka.
Printed in Japan
落丁・乱丁本はお取替えいたします。
★定価はカバーに表示してあります。

ISBN 978-4-641-16499-4

JCOPY　本書の無断複写(コピー)は、著作権法上での例外を除き、禁じられています。複写される場合は、そのつど事前に（一社）出版者著作権管理機構（電話03-5244-5088, FAX03-5244-5089, e-mail:info@jcopy.or.jp）の許諾を得てください。

本書のコピー, スキャン, デジタル化等の無断複製は著作権法上での例外を除き禁じられています。本書を代行業者等の第三者に依頼してスキャンやデジタル化することは, たとえ個人や家庭内での利用でも著作権法違反です。